My Closet Style

웨어러블 패션스타일링&리폼 레시피

My Closet Style

웨어러블 패션스타일링&리폼 레시피

초판 1쇄 펴낸날 | 2012년 4월 17일

지은이 | 김은진
펴낸이 | 조영혜 **펴낸곳** | 동녘라이프

전무 | 정락윤
편집주간 | 곽종구
책임편집 | 이미종
편집 | 이상희 박상준 구형민 김보경 윤현아 봉선미
미술 | 조하늘 고영선
영업 | 김진규 조현수
관리 | 서숙희 장하나

사진 | 한정수(studio etc.)
디자인 | elephant
협찬 | 가구 까사미아 송도점(032-233-0102)
장소 가가데코 blog.naver.com/snazzy_abk
소품 아이엠마마 blog.naver.com/denger99
인쇄·제본 | 새한문화사 **라미네이팅** | 북웨어 **종이** | 한서지업사

등록 | 제311-2003-14호 1997년 1월 29일
주소 | (413-756) 경기도 파주시 문발동 파주출판도시 532-5
전화 | 영업 031-955-3000 편집 031-955-3004 **전송** | 031-955-3009
블로그 | www.dongnyok.com
전자우편 | life@dongnyok.com

ISBN 978-89-90514-57-8 13590

* 책값은 뒤표지에 있습니다.
* 이 도서의 국립중앙도서관 출판시도서목록(CIP)은 e-CIP 홈페이지(http://www.nl.go.kr/ ecip)와 국가자료공동목록시스템(http://www.nl.go.kr/kolisnet)에서 이용하실 수 있습니다.
(CIP제어번호:CIP 2012001685)

My Closet Style

웨어러블 패션스타일링 & 리폼 레시피

마이 클로젯 스타일

김은진 지음

동녘라이프

Contents

Prologue *006*

Part 1
Styling Knowhow
웨어러블 패션의 최강자 되기

정보가 곧 패션 교과서다 *010*
쇼핑만 잘해도 스타일링 반은 성공한다 *014*
부담스럽지도 식상하지도 않은 스타일링 공식 *026*

Part 2
Styling Daily item
옷장 속 기본 아이템으로 매일 멋지게 입기

01 모노톤 티셔츠 *036*
02 화이트 블라우스 *038*
03 스트라이프 티셔츠 *040*
04 슬리브리스 톱 *042*
05 블랙 테일러드 재킷 *044*
06 트위드 재킷 *046*
07 트렌치코트 *048*
08 후드 집업 점퍼 *050*
09 라운드 네크라인 카디건 *052*
10 풀오버 스웨터 *054*
11 블랙 베스트 *056*
12 슬리브리스 원피스 *058*
13 레이스 원피스 *060*
14 플레어스커트 *062*
15 펜슬스커트 *064*
16 플라워 패턴 스커트 *066*
17 스트레이트 팬츠 *068*
18 화이트 쇼트 팬츠 *070*
19 데님 팬츠 *072*
20 플레이슈트 *074*

Bonus 1 패션 피플의 스타일링 팁 *076*
Bonus 2 길에서 배우는 스타일링 *084*

Part 3

Remaking Clothes

싫증난 옷, 리폼으로 업그레이드하기

리폼을 위한 도구 및 재료 090
바느질 기본 테크닉 094

01 롱 티셔츠 096
02 슬리브리스 톱 100
03 스트라이프 티셔츠 104
04 베이식 카디건 108
05 블랙 라운드 네크라인 니트 112
06 트위드 재킷 116
07 블랙 원피스 120
08 플랫칼라 블라우스 124
09 화이트 셔츠 128
10 터틀넥 니트 132
11 샤 스커트 136
12 H라인 스커트 140
13 블랙 재킷 144
14 후드 집업 점퍼 148
15 프린트 카디건 152
16 야상 점퍼 156
17 데님 재킷 160
18 쇼트 팬츠 164
19 데님 팬츠 168
20 숄더백 172
21 모자 176
22 머플러 180

Part 4

Making Accessory

손쉽게 만들어 옷에 매치하다

01 빅 진주 목걸이 186
02 플라워 폼폼 목걸이 188
03 술 장식 팔찌 190
04 물방울 보석 귀고리 192
05 밍크 폼폼 넥워머 194
06 망사 머플러 196
07 체크 코르사주 헤어밴드 198
08 실크 와이드 헤어밴드 200
09 골드 체인 헤어밴드 202
10 플라워 슈슈 204
11 크로커다일 헤어핀 206
12 도트 리본 핀 208

Info 1 부자재 쇼핑 210
Info 2 영화 & 드라마 속 패션 읽기 212

Prologue

어린 시절, "내일 옷 사러 갈까?" 엄마의 말 한마디에 밤잠까지 설치며 설레던 기억이 지금까지 선명하다. 그토록 옷을 좋아하는 기질 때문이었을까. 대학 시절에는 순수 미술이 좋아 10년간 공부했던 조각가의 길을 포기하고 디자이너가 되겠다며 패션 디자인 학원을 다니기도 했다. 타고난 기질은 결국 내 인생을 바꿔 놓았다. 매달 즐겨 보던 패션 잡지의 대학생 명예 기자로 선발되어 어시스턴트로 패션계에 입문하게 된 것이다. 졸업 후부터는 잡지기자로 매달 쏟아져 나오는 신상 속에서 패션 화보를 찍으며 하루하루가 즐겁고 행복하였다.

오랜 시간 패션을 가까이에서 접하며 일하고 즐기다 보니 나름대로의 '노하우'가 생겼다. 백화점 가판대에 쌓여 있는 특가 코너에서도 멋진 아이템을 건져낼 수 있는 안목이 생겼고 나름 옷 입기에 대한 요령이 늘었다. 어쨌든 이러한 경력이 더해져 요즘에는 옷 입기를 어려워하는 지인들의 부탁으로 '퍼스널 쇼퍼'가 되어 그들의 쇼핑에 종종 동참하고 있다.

내가 생각하는 '옷을 잘 입는다'는 것은 값비싼 브랜드의 옷과 명품만을 몸에 걸쳐 만들어 내는 스타일링이 아니다. 동대문에서 산 티셔츠나 저가 브랜드의 평범한 치노 팬츠Chino pants를 입어도 자신만의 감각을 더해 멋진 스타일을 연출할 수 있어야 한다. 꾸미지 않은 듯 보이지만 남들로 하여금 시선이 가게 만드는 의상을 일상생활에서 연출할 줄 아는 이가 진정한 '패셔니스타'라고 감히 말하고 싶다. 누구나 약간의 돈과 마음만 있으면 당장이라도 옷과 가방을 구입해 스타일을 연출할 수 있다. 하지만 사소하고도 섬세한 스타일링의 감각은 돈 주고도 살 수 없지 않은가.

이 책에는 값비싼 명품을 소개하고 그것으로만 치장한, 보기에는 좋고 입기에는 어려운 패션 스타일링은 없다. 한눈에 쏘옥 들어오지만 평범한 몸매를 가진 사람들이 일상에서 결코 입을 수 없는 하이 패션High fashion 또한 없다. 튀는 아이템보다는 옷장 속의 베이식한 아이템으로 나만의 라이프스타일에 맞는 스타일링을 하고픈 여자들을 위한 패션 정보를 담았다. 또한 경제적인 쇼핑을 위한 팁과 함께 흔한 레디메이드Ready-made 의상을 수작업을 통해 나만의 옷으로 새롭게 만드는 리폼 아이디어도 소개했다.

패션은 이제 단순히 몸을 보호하는 기능적인 역할에서 벗어나 자신만의 개성을 대변해 주는 아이콘이 되었다. 어떤 옷을 입었는가보다는 남들과 같은 옷이더라도 어떻게 입었는가에 따라 자신의 이미지가 더 빛날 수도, 퇴색될 수도 있다. 〈마이 클로젯 스타일〉이 부디 당신의 일상을 더욱 즐겁고 행복하게 만드는 패션 가이드가 될 수 있기를 간절히 바란다.

Part 1

웨어러블 패션의 최강자 되기

Styling Knowhow

쇼핑을 즐기는 사람일수록 쇼핑 시 실패 확률은 낮아지고 패션 감각은 높아진다. 모 디자이너 브랜드에 꽂혀 미친 듯 웹 서핑을 하다 찾아낸 보물 같은 구매대행 쇼핑몰, 보고 또 보면서 영감을 얻었던 패션 잡지와 드라마, 하루종일 쏘다닐 요량으로 운동화를 신고 나가 시간 가는 줄 모르고 돌아다닌 아울렛 매장…. 그간의 다양한 쇼핑 경험으로 터득한 스타일링 노하우와 한 벌 값을 주고 두 벌을 소유하게 해준 경제적인 쇼핑 장소를 소개한다.

정보가 곧 패션 교과서다

인터넷 쇼핑몰만 챙겨 봐도 유행을 알 수 있다

인터넷 쇼핑몰이야말로 우리나라 패션의 흐름을 가장 쉽게 알 수 있는 것 중 하나다. 며칠 전 드라마에서 여주인공이 입고 나온 옷이 예뻤다면 어김없이 카피 되어 신상품으로 등장하고, 명품 브랜드의 어떤 제품이 불티나게 잘 팔려 품절되면 이것 역시 인터넷 쇼핑몰에서 아주 흔한 아이템이 되기 일쑤다. 그러다 보니 유행을 앞서 나가지는 못하더라도 적어도 유행에 뒤처지고 싶지 않은 이들에게 인터넷 쇼핑몰은 클릭 한 번으로 패션 공부를 할 수 있는 곳이기도 하다. 특히 오프라인 브랜드 매장에 비해 신제품의 회전률이 빠르고 업데이트가 자주 되어 신상품을 보는 재미 또한 쏠쏠하다.

패션 브랜드 룩북과 패션 블로그 투어로 스타일 카피캣

패션 브랜드마다 시즌별로 룩북Look book을 만든다. 만약 쇼핑을 하기 전 브랜드 매니저가 내놓는 룩북을 그냥 흘려 보았다면 아까운 패션 교과서를 놓친 셈. 룩북은 매 시즌 브랜드마다 트렌드를 반영해 디자인한 아이템들을 보다 멋지고 예쁘게 스타일링 하는 노하우를 알려 주는 패션 책이라 할 수 있다. 그러니 평소 본인이 좋아하는 브랜드의 룩북을 챙겨 보면 스타일링에 큰 도움을 받을 수 있다. 매장에서 직접 룩북을 보는 것이 번거롭다면 인터넷을 이용해 보자. 패션 브랜드의 홈페이지에는 시즌별 룩북이 올라와 있으니 자신이 좋아하는 브랜드의 홈페이지에서 룩북을 찾아볼 것을 추천한다.

시즌에 앞서 유행을 미리 알고 싶을 때는 고급 패션 정보가 가득한 패션 잡지를 보자. 5~6천 원 정도의 비용을 지불하면 다양한 콘셉트의 해외 디자이너들의 컬렉션을 앉은 자리에서 편하게 검색할 수 있다. 그뿐인가. 다양한 패션 정보가 에디터의 손을 거쳐 감각적으로 다듬어지니, 매달 국내에 출간되는 무수한 패션 잡지 중 한 권만 읽어도 지금보다 좀 더 세련된 옷 입기를 위한 패션 지식은 충분해지리라.
브랜드 룩북이나 패션 잡지를 보는 도중 마음에 드는 스타일링이 있을 때는 따로 스크랩을 해두는 것이 좋다. 이렇게 스크랩을 하다 보면 내 취향에 딱 맞는 나만의 패션 교과서 한 권이 완성된다.
잡지를 매달 사 보는 것이 어려운 사람들에게는 또 다른 방법이 있다. 바로 패션 블로그다. 국내는 물론 미국, 영국, 네덜란드 등 각양각색의 해외파 패션 블로거들의 블로그도 색다른 패션 스타일링을 위한 참고서가 될 수 있다. 문화 속에서 패션의 입지는 점점 굳건해지고 패션 전문 블로거들의 움직임도 점차 활성화되고 있다. 그곳에서는 길에서 만난 다양한 스트리트 패션 스타일을 감성적인 사진으로 볼 수 있을 뿐 아니라 현지에서 유행하고 있는 패션 트렌드 또한 덤으로 엿볼 수 있다.

눈에 띄는 해외 패션 블로그

www.oliwiora.blogspot.com

심플하고 절제된 룩을 웨어러블하게 연출할 줄 아는 패션 블로거의 블로그. 기본 아이템을 다양한 스타일로 돌려 입는 그녀만의 웨어러블한 패션 스타일링 아이디어를 배울 수 있다.

www.5inchandup.blogspot.com

런던에 살고 있는 산드라는 자연스럽고 시크한 룩으로 국내에도 잘 알려진 패션 블로거다. 일상에서 입을 수 있는 옷과 그녀만의 컬러 감각이 돋보이는 다양한 스타일링을 볼 수 있다.

www.blushingambition.blogspot.com

값비싼 명품으로 치장된 패션 블로그를 보며 신세계라고 감탄했다면 이곳을 방문해 보자. 패션 블로거 안나벨의 블로그에는 옷장 속 아이템만으로도 따라할 수 있는 옷 입기 공식이 가득하다.

www.love-aesthetics.blogspot.com

네덜란드의 이바이나 카피오의 블로그. 블랙과 화이트의 미니멀한 컬러를 바탕으로 자신만의 유니크한 룩을 연출한다. 그녀만의 손재주로 탄생된 DIY 의상과 소품들이 보는 재미를 더한다.

드라마 속 패션 따라 하기 NO! 드라마 속 패션 응용하기

백화점에 가서 마음에 드는 옷을 고르는데 점원이 "이거 000 드라마에서 000가 입어서 완전 인기 있는 옷이에요"라고 자랑스럽게 이야기를 건넨다. 이 경우 나라면 그 옷에 대한 관심이 싹 사라진다. 물론 내 마음에 쏙 드는 아이템이라면 구매할 수도 있겠지만, 옷을 판매하는 직원이 그 사실을 자랑스럽게 이야기하는 것이 그리 유쾌하지만은 않기 때문이다. 연예인이 입었던 옷이라면 자기와 어울리는지 따져 보지도 않고 무작정 옷부터 사고 싶어 하는 사람들이 많다는 얘기일까? 아니면 많은 사람들이 연예인이 입은 옷은 무조건 예쁘고 좋은 옷이라고 생각하는 걸까? 연예인이 입었다던 그 옷은 곧 동대문 시장에서 천차만별의 퀄리티를 가진 원단으로 재탄생되는 것은 불보듯 뻔한 일. 때문에 나는 맘에 드는 그 옷이 '연예인이 입는 옷'이라는 닉네임을 갖는 것을 결코 바라지 않는다.
어쨌든 드라마는 유쾌하고 애절한 스토리는 물론 패션까지 즐길 수 있는 놀이터다. 드라마 속 여배우들은 그 역할에 따라 정말 다양한 룩을 보여 준다. 나 또한 드라마를 보다 보면 때때로 스토리보다 그녀들이 무엇을 입고 무엇을 신었으며 무엇을 들고 다니는지에 더 관심이 갈 때가 있다. 하지만 이것은 결코 그녀가 입은 아이템을 구입해 그대로 따라 입기 위함이 아니다. 내 관심사는 그녀들이 어떤 아이템을 어떻게 매치했으며 어떤 컬러 선택을 했느냐에 있다. 그녀들이 몸에 걸치는 패션 아이템과 스타일링은 패션 전문가가 배역의 캐릭터에 맞게 연출한 것이다. 드라마를 시청하는 우리는 그저 자신과 어울리는 적절한 아이템과 스타일링 노하우를 얻어내기만 하면 된다. 가령 핫 핑크 컬러가 너무 튄다는 생각에 평소 쇼핑 때마다 거들떠보지 않았다고 치자. 그런데 어떤 배우가 드라마 속에서 핫 핑크 컬러의 의상을 튀지 않으면서 세련되게 매치해, 늘 관심 밖이었던 핫 핑크 컬러에 돌연 관심이 가고 그 컬러의 옷을 스타일링 하는데 성공했다면 그건 바로 그 배우의 색상 매치 노하우를 얻어낸 것이다. 완벽한 배우의 스타일을 보고 스스로 응용해 나만의 컬러와 레이어드 등의 팁을 알아가는 것도 꽤나 재미있는 패션 공부다.

쇼핑만 잘해도 스타일링 반은 성공한다

비싸게 투자해서 구입해야 할 것 vs 값싸게 구입해도 문제없는 것

지극히 개인적인 생각일지도 모르지만 아무리 경제적으로 풍족하더라도 쓸데없는 아이템을 비싼 비용을 들여 구입하는 사람을 볼 때면 너무 안타깝다는 생각을 하게 된다. 나는 쇼핑을 할 때 비싸게 구입해도 되는 것과 저렴하게 구입해야 할 리스트를 정해 두었다. 비싼 값을 치르고 충분히 본전을 찾는 것은 민감한 패션 트렌드와 상관없이 적어도 3년 이상 굳건히 내 옷장 속을 지킬 수 있는 기본적인 아이템이다. 예를 들어 블랙 혹은 화이트 컬러의 심플한 티셔츠, 어디에나 두루 매치하기 좋은 블랙 테일러드 재킷, 오드리 헵번Audrey hepburn을 연상시키는 모노톤의 기본 원피스와 같은 아이템이다. 모두 한번 사면 트렌드와 무관하게 오랫동안 입는 기본 아이템이다. 이런 스테디한 아이템은 퀄리티가 높은 소재를 사용한, 다소 고가의 브랜드를 구입한다고 할지라도 전혀 손해를 볼 일이 없다. 자신의 라이프스타일에 따라 요긴하게 잘 입게 되는 데일리 아이템이나 소재에 따라 퀄리티가 확연히 드러나는 겨울용 외투도 마찬가지다.

그렇다면 반대로 동대문이나 인터넷 쇼핑몰에서 구입하기 좋은 아이템은 무엇일까? 바로 유행에 민감한 아이템들이다. 어느 해마다 유행하는 아이템들은 존재한다. 대표적으로 몇 년 전부터 유행하기 시작한 케이프나 일명 '공주치마'로 불리며 인기를 누렸던 망사 소재의 샤 스커트가 여기에 속한다. 또한 브랜드별로 철마다 대유행하는 디자인이 있는데 그것을 그대로 카피해서 파는 보세 옷들이 많아져 희소의 가치가 떨어진 아이템도 쇼핑 시 주의해야 할 것 중 하나다. 특히 연예인이 드라마 속에서 입어서 더욱 유명세를 탄 아이템은 구입할 때 보다 신중해야 한다. 이것이야말로 한 해만 지나도 입기가 민망해지는 애물단지로 전락해 버리기가 쉬운 것은 물론, 여기저기에 카피한 옷들이 쏟아져 나와 '3초 백'과 맞먹는 정도로 대국민의 필수 패션 아이템이 될 가능성도 있다. 올 시즌의 히트작인 흔한 옷도 피해야 할 쇼핑 목록 중 하나지만 그럼에도 불구하고 꼭 입고 싶을 때에는 한철만 입고 재활용센터로 사라져도 아깝지 않을 만큼 저렴한 가격의 제품을 구입하길 바란다.

유행을 타지 않고 입을 수 있어 구입한 후 3년째 입고 있는 랑방 컬렉션의 코쿤형 원피스. 적지 않은 가격이 아깝지 않을 만큼 본전 뽑은 아이템.

가끔 기분전환용으로 입고 싶어 인터넷 쇼핑몰에서 저렴하게 구입한 화려한 프린트의 빈티지풍 원피스.

스타일 망치는 쇼핑법

1. 저렴하거나 세일하는 옷은 무조건 산다
맘에 딱 들지 않아도 파격 세일을 하거나 가격이 아주 저렴할 경우 충동구매를 할 확률이 높아진다. 하지만 가격이 싸다는 이유만으로 옷을 사면 결국 즐겨 입지도 않고 아까워 버릴 수도 없는 애물단지로 전락할 확률도 아주 높다.

2. 액세서리에는 투자를 아낀다
옷은 잘 사는데 액세서리에 투자하는 것은 아까워하는 이들이 종종 있다. 하지만 진짜 멋쟁이는 액세서리를 잘 활용한다. 평범한 옷차림은 시크하게, 예쁜 옷은 더욱 매력적으로 만들어 주는 것이 바로 액세서리의 힘이라는 것을 잊지 말 것.

3. 내가 가진 옷은 생각하지 않고 쇼핑을 한다
옷을 살 때에는 무조건 예쁜 옷을 사는 것이 아니라 내가 가진 옷과 잘 어울릴 수 있는 옷을 구매하는 것이 좋다. 옷이 맘에 들어 샀는데 그 옷과 매치할 옷이 내 옷장에 없다면 다시 쇼핑을 해야 하거나 그 옷을 입지 못하게 될 수도 있기 때문이다.

4. 예쁘면 사이즈가 맞지 않아도 우선 산다
맘에 드는 옷을 발견했는데 내게 맞는 사이즈가 이미 품절이라면? 안타깝지만 그 옷은 과감히 포기하는 것이 좋다. 사이즈를 수선한 옷은 원래의 모양새를 잃게 되는 경우가 많아 결국 입지 않게 되기 때문이다.

5. 점원이 하는 말을 100% 귀담아 듣는다
옷을 사러 가면 점원들에게 항상 듣게 되는 말은 다음과 같다. '정말 잘 어울리세요', '이거, 인기 아이템이라 지금 딱 한 벌 밖에 남지 않았어요', '다시 구할 수 없는 제품이에요'…. 점원에게 옷의 정보를 얻는 것은 좋지만 그 옷이 나에게 어울리는지, 내게 필요한 옷일지는 자신이 신중하게 선택해야 한다. 어차피 사고 싶은 옷은 매 시즌마다 나온다는 사실을 늘 명심하자.

인터넷 쇼핑몰에서 제대로 쇼핑하기

바쁜 생활 탓에 여유롭게 길을 걸으며 윈도쇼핑Window-shopping의 즐거움을 누리지 못하는 이들에게 인터넷 쇼핑몰은 오아시스나 마찬가지다. 요즘은 인터넷 쇼핑몰이 하루가 다르게 생기고 사라지다 보니 쇼핑을 잘하는 요령을 체득하는 일이 더욱 절실해졌다. 나 또한 아이를 키우면서 동대문에서 쇼핑을 즐기거나 백화점 세일 기간에 꼼꼼히 매장을 둘러보고 대박 아이템을 건져내는 짜릿한 경험을 하는 일이 줄었다. 대신 편안히 앉아 인터넷으로 쇼핑을 다년간 하게 되면서 나만의 쇼핑 노하우가 생겼다.

나 또한 처음부터 인터넷 쇼핑이 녹록치만은 않았다. 옷을 직접 만져 보지도 않고 조명발 받은 사진만 믿은 채 구입하기가 쉽지 않았고 막상 받아 보니 사진과 너무 달라 실패를 한 경우도 많았다. 그렇게 몇 해를 보내고 나니 언제부터인가 인터넷 쇼핑몰에서 제법 괜찮은 옷을 고르는 안목이 생겼다.

인터넷 쇼핑을 할 때 실패 확률을 줄이는 나만의 노하우를 몇 가지 제안한다. 우선 소재를 확인할 수 있도록 디테일을 잘 찍어 놓은 쇼핑몰부터 찾아야 한다. 아무리 디자인이 예뻐도 소재가 저렴해 보이면 입었을 때 예쁜 핏이 나올 수 없음은 물론 함께 스타일링 한 다른 아이템까지 값싸 보일 수 있기 때문이다.

인터넷 쇼핑몰에서 맘에 드는 아이템을 발견했다면 다른 사이트도 둘러보며 같은 옷이 있는지 확인하는 것 또한 쇼핑의 성공과 실패를 가늠하는 중요한 요소다. 그 이유는 모델에 따라, 촬영된 사진에 따라 옷이 달라 보일 수 있기 때문이다. A쇼핑몰에서 마음에 쏙 들었던 원피스가 B쇼핑몰에서는 전혀 다른 옷으로 보이는 것이 이런 이유다. 게다가 같은 옷이라도 쇼핑몰마다 가격이 다르므로 보다 알뜰한 쇼핑을 하고 싶다면 가격 비교는 필수다.

쇼핑몰의 늘씬한 8등신 모델의 착장 사진을 보고 자신이 입어도 그 모습 그대로일 거라는 상상은 쇼핑 실패의 지름길이다. 때문에 평범한 몸매의 일반인들이 입고 올린 솔직한 후기의 글과 사진을 체크해 보는 것은 두말하면 잔소리. 같은 옷일지라도 입는 사람에 따라 전혀 다른 옷이 될 수 있기 때문에 정말 내 몸에 잘 어울릴 만한 디자인인지 여러 번 생각해 보고 구입할 것을 강력히 권한다. 정말 사고 싶은 아이템을 발견했는데 궁금한 점이 있다면 직접 전화를 걸어 상담원과 충분한 대화를 나누며 자세한 상담을 하는 것이 좋다. 아무래도 직접 대화를 하는 것이 보다 정확한 정보를 얻을 수 있으며 판매자도 소비자에게 맞는 아이템을 추천해 줄 수 있기 때문이다.

매력적인 의류 쇼핑, 아울렛 활용하기

아울렛의 옷은 모두 촌스럽다? 단연코 아니다. 요즘 아울렛은 과거의 아울렛과는 차원이 다르다. 과거의 아울렛이 철이 지난, 혹은 선택받지 못한 디자인의 옷들로 가득했다면 요즘의 아울렛은 백화점 신상품과 비교했을 때 가격대비 전혀 손색없을 정도로 훌륭하다. 특히 내가 즐겨 찾는 아울렛은 신세계 프리미엄 아울렛인데 명품을 사고 싶다면 여주로, 내셔널 브랜드의 옷이 필요하다면 파주를 찾는다. 롯데 프리미엄 아울렛 또한 2백여 가지의 내셔널 브랜드와 명품 브랜드의 옷을 저렴하게 구입할 수 있어 종종 찾는다.

아울렛에서 쇼핑할 때는 가장 먼저 나에게 무엇이 필요한지 정확한 쇼핑 리스트를 머릿속에 두고 방문할 것을 권한다. '이 브랜드가 이렇게 싼 가격에?'라는 생각에 아무 생각 없이 카드를 긁다 보면 결국 그 옷들은 옷장 속에 갇혀 세상 빛을 보기 어려울 확률이 높다. 브랜드를 소유하겠다는 욕심보다는 본인이 필요한 아이템을 구매하는데 쇼핑의 초점을 맞추는 것을 늘 염두에 두자.

질바이질스튜어트 아울렛에서 10만 원대에 구입한 독특한 소재의 카디건.

날씬해 보이는 효과가 최고인 블랙 원피스는 구로 한섬 팩토리에서 20만 원대에 '득템'한 아이템.

여주 프리미엄 아울렛의 마크바이마크제이콥스 매장에서 10만 원대에 구입한 원피스. 여름이면 줄기차게 입고 있는 옷이다.

자신이 좋아하는 브랜드 매장에 신상품이 언제 들어오는지를 점검해 두었다가 날짜에 맞추어 쇼핑하는 것도 좋은 방법. 백화점과 달리 아울렛의 경우 지난 시즌 인기가 많았던 디자인일수록 재고가 적기 때문에 원하는 상품이 있다면 미리 문의해야 구매할 수 있다. 인기가 있었던 아이템인 경우 디자인은 동일하되 저렴한 소재를 사용해 아울렛에서 판매하는 경우도 있다. 아울렛에서 지난 시즌 갖고 싶었지만 놓쳤던 아이템을 만나게 된다면 소재가 같은지를 꼼꼼히 확인해봐야 한다.

아울렛도 아울렛마다 할인의 폭이 다르다. 보통의 아울렛은 일 년이 지난 상품이 입고되는데 한섬팩토리의 경우에는 2년이 지난 상품을 60~70%, 높게는 80% 이상의 매력적인 할인율을 적용해 판매하고 있다. 이곳에서는 늘 탐나지만 고가의 가격 때문에 구입하기가 고민되었던 랑방 컬렉션의 티셔츠를 10만 원대에, 원피스나 재킷을 20~30만 원대에 구매할 수 있다. 하지만 아울렛이라고 해서 모두 다 저렴한 건 아니다. 세일 폭이 크지 않다면 구매 대행을 이용하는 게 더 저렴한 브랜드도 있으니 구입하기 전 사전 조사는 필수 항목이다. 미리 인터넷 검색을 해보거나 쇼핑 중 스마트폰으로 가격 검색을 하는 것도 알뜰한 쇼핑법이 될 수 있겠다.

브랜드 옷을 파격적인 할인가에 구매할 수 있는 곳

신세계 첼시 프리미엄 아울렛

돌체앤가바나, 끌로에, 바네사 브루노, 입생로랑, 버버리, 이자벨 마랑 등 해외 명품 브랜드는 물론 국내 브랜드의 옷과 액세서리를 25~65%의 할인된 가격에 만날 수 있는 곳. 여주점과 파주점의 입점 브랜드가 서로 다르니 쇼핑 가기 전 홈페이지를 통해 자신이 원하는 브랜드가 입점해 있는지를 확인한다. 여주점에는 타 아울렛보다 다양한 키즈 브랜드가 입점하여 아이가 있는 엄마라면 더욱 볼거리가 많다.

주소 **파주점** | 경기도 파주시 탄현면 법흥리 1790-8 *1644-4001*
여주점 | 경기도 여주군 여주읍 상거리 460 *1644-4001*

롯데 프리미엄 아울렛 파주점

겐조, 발리, 폴 스미스, 토즈 등 해외 고가 브랜드는 물론 빈폴, 타임, 나이키, 아디다스 등 국내외 유명 캐주얼 및 스포츠 브랜드 총 213개의 브랜드 숍이 입점한 국내 최대 규모의 프리미엄 아울렛. 특히 타 아울렛에서는 만날 수 없는 브랜드인 폴 스미스 · 멀버리 · 태그호이어 등의 브랜드가 입점해 있어 더욱 매력적인 곳이다. 국내 브랜드는 30~80%, 해외 명품은 10~50%까지 할인된 가격에 구매할 수 있다.

주소 경기도 파주시 문발동 회동길 390 *031-960-2500*

마리오 아울렛

코데즈 컴바인, 라코스테, 구호, 나인웨스트 등 국내외 다양한 브랜드의 제품을 50~70% 할인된 가격에 판매하는 아울렛으로 층별로 남성복과 여성복, 스포츠 및 아웃도어 브랜드로 나뉘어 있어 쇼핑하기가 편리하다. 홈페이지의 쇼핑 정보를 통해 현재 진행되는 다양한 이벤트를 확인할 수 있으니 쇼핑 전 참고한다.

주소 서울시 금천구 패션단지길 22 *02-2109-7000*

가산 한섬 팩토리 아울렛

타임, 타임옴므, 마인, 시스템, SJSJ, 랑방 컬렉션 등 한섬의 대표적 브랜드의 옷과 질 스튜어트, 보브, 쉬즈미즈, 송지오 옴므의 제품을 함께 만날 수 있는 곳. 넓은 창고형 매장으로 계산을 하는 직원 외에는 무인 서비스로 판매하고 있어 마음대로 옷을 고르고 입어 볼 수 있다. 대부분 가격표의 50~80% 할인된 가격으로 판매되나 정확한 가격은 컴퓨터 바코드로 직접 확인할 수 있다.

주소 서울시 금천구 가산동 60-42 *02-838-4700*

패션웨어 하우스

타임, 마인, 시스템, SJSJ, 랑방 컬렉션 등 한섬 브랜드의 옷과 지고트, 미샤, 아이잗바바, 솔리드 옴므 등의 다양한 내셔널 브랜드의 제품을 50~80% 이상 할인된 가격에 만날 수 있다. 가산 한섬 팩토리와 마찬가지로 직접 바코드로 가격을 알아보고 구매를 할 때만 직원 판매가 이루어지는 시스템이다.

주소 경기도 용인시 기흥구 공세동 333-10 *031-286-0988*

필웨이에서 새 제품 대비 반 가격에 건진 중고 펜디 비백. 화사한 옐로 컬러와 에나멜 소재로 여름철 심플한 화이트 룩에 포인트로 매치하기 좋다.

여자들의 로망, 명품 가방 똑똑하게 구입하기

값비싼 명품 가방을 구입하기 전에는 신중을 기해야 함은 당연한 사실이다. 같은 디자인의 명품 가방을 컬러별로 구매할 수 있는 경제력을 갖춘 이가 아니라면 잠깐 나왔다가 사라지는 가방보다는 두고두고 맬 수 있는 가방을 고르는 것이 좋다. 나의 경우 명품 가방 구입 시 판단 기준은 바로 소장 가치의 유무다. 대중에게 극진한 사랑을 받아 국민 백 혹은 3초 백으로 불리는 명품은 매력적인 아이템은 아닌 듯하다. 대표적인 국민 백 몇가지는 어떤 의상에나 잘 어울리는 요긴한 가방임은 분명하지만, 너무 흔해 소장 가치를 상실 당한 불운의 명품이기도 하니 말이다. 큰맘 먹고 구입한 가방을 들고 나갔다가 길거리 곳곳에서 똑같이 든 사람을 3초마다 만난다는 사실은 썩 유쾌한 일이 아닐테니까. 때문에 이런 흔하디 흔한 국민 백보다는 기존 컬렉션을 살짝 업그레이드한 디자인의 아이템을 구입하는 것이 좋다. 물론 디자인과 함께 실용성을 함께 겸비해야 함은 당연한 일이다.

5년 전, 괌 출장 갔을 때 DFS 갤러리아에서 구입한 샤넬의 2.55백. 당시 1백 90만 원대에 구입했지만 현재 4백만 원을 호가해 '백테크'란 별명을 가지고 있는 대표 가방이다. 보관만 잘하면 딸에게도 물려줄 수 있을 거라고 굳게 믿고 있는 스테디셀러 가방이다.

보기만 해도 흐뭇해지는 명품 가방 쇼핑의 또다른 성공 노하우는? 쇼핑을 하기 전에 가장 먼저 따져 봐야 할 것이 바로 나의 라이프스타일이다. 평소 외출을 할 때 내가 어떤 옷차림을 많이 하는지에 따라 디자인이 결정될 것이고, 가지고 다니는 짐이 어느 정도인지에 따라 가방의 크기가 달라진다. 또한 외근이 많은 경우나 외출 시 가방을 많이 여닫아야 하는 아이를 둔 엄마의 경우에는 여닫는 부분의 잠금장치가 편한지도 세세히 살펴봐야 한다.

내가 정말 요긴하게 사용할 실용적이면서도 멋진 명품 가방은 면세점이나 백화점에서 구입하는 것도 좋지만 보다 저렴하게 구입하려면 구매 대행을 이용해 보자. 요즘은 워낙 인터넷 쇼핑몰이 발달해 구매 대행을 해주거나 미리 사 둔 제품을 바로 판매해 배송 기간을 단축한 쇼핑몰도 많다.

유행에 영향을 받을 것 같은 디자인이거나 튀는 컬러로 '늘'은 아니지만 기분 전환으로 가끔씩 들고 싶은 스타일의 가방은 명품 중고 시장을 이용하는 것도 좋은 방법이다. 튀는 컬러나 디자인의 경우 유니크한 매력은 있으나 베이식한 디자인과 컬러의 가방보다는 싫증이 쉽게 나고 활용도가 떨어져 결국 잘 들고 다니지 않게 될 경우가 많다. 때문에 다시 되팔아도 새 제품을 산 것보다 크게 손해 볼 일이 적다. 종종 어떤 제품의 경우 가격이 해마다 올라 중고로 판매할 때 신상품과 가격 차이가 그리 크지 않는 기이한 현상도 일어나고 있다. 단, 중고 시장을 이용할 때는 정품 판매가 확실하다고 인증된 곳에서 구매하거나 직거래일 경우 보장카드와 구입처, 영수증을 꼼꼼히 체크해야 후회할 일이 생기지 않는다.

중고 명품 쇼핑을 위한 필수 수칙

1. 중고 제품의 가격은 상품의 상태에 따라 정해지므로 제품의 상태를 꼼꼼히 살펴보고 그에 맞게 가격이 책정되었는지를 알아본 후 구입하는 것이 좋다.
2. 명품을 처음 구입하는 초보라면 인터넷보다는 진품을 검증받은 오프라인 전문 매장을 이용하는 것이 좋다.
3. 명품을 구입할 때 추후 판매를 할 생각이 있다면 영수증과 더스트 백, 북릿 등 부속품을 잘 보관해 두어야 좀 더 높은 가격을 받을 수 있다.
4. 중고 명품의 특성상 제품에 따라 가격이 천차만별이므로 적어도 3군데 이상 사고 싶은 제품의 가격을 비교해 보고 구입해야 후회가 없다.
5. 중고 제품은 시간이 지남에 따라 가격이 떨어지므로 보관만 하고 사용하지 않는 명품이 있다면 가격이 더 떨어지기 전에 판매하거나 다른 제품으로 교환하는 것이 경제적이다.
6. 중고 명품 거래를 위한 업체 선정은 매입을 많이 하는 곳인지, 제품의 순환이 잘 되는 곳인지를 보고 결정하는 것이 좋다.
7. 중고 명품을 구입할 때 제품의 진품임을 보증하는 매장의 보증서 혹은 영수증을 받아 두어야 구입 후 문제가 생겨도 해결할 수 있다.

Mini Interview

김명제 중고 명품 매장 그린공간 대표

"중고 명품은 특성상 연식보다는 퀄리티와 소장 가치, 그리고 희귀성에 따라 가격이 책정됩니다. 구입할 때 제품의 상태를 확인하고 보관 상태 및 수리 내용의 유무 등을 꼼꼼히 체크한 뒤 구입해야 보다 만족스러운 쇼핑을 할 수 있습니다. 온 · 오프라인 매장에서는 제품의 상태에 따라 금액이 정해지므로 무조건 저렴한 제품을 찾는 것보다 상품의 가치와 맞게 가격이 책정되었는지를 따져 보고 구입하는 것이 가장 좋은 방법이지요. 중고 명품을 구입하는 고객들의 대부분이 충동구매로 물건을 구입하는 경우가 많은데 급하게 결정하지 말고 꼼꼼히 따져 보고 구입하는 것이 좋습니다. 디자인이 예쁘다고 사는 것보다 정말 자신에게 필요한 것인지를 생각해 보고 자신이 사용하지 않는 제품과 교환을 하는 것도 좀 더 현명하게 쇼핑할 수 있는 방법 중 하나입니다. 현재 시세에 맞게 팔고 사는 것도 중요하니 시세를 미리 알아보고 구입 혹은 판매를 하세요."

중고 명품 매장

구구스

온·오프라인 중고 명품 매장. 전국 11곳의 오프라인 매장과 온라인을 통해 중고 명품의 위탁 판매 및 매입에 관련한 서비스를 제공한다. 수수료는 제품에 따라 3만 원 또는 판매가의 13~18%로 품목에 따라 다르며 바쁜 고객을 위한 출장서비스 제도를 운영하고 있어 집에서도 편리하게 위탁판매 및 매입이 가능하다.

www.gugus.co.kr 1544-9964

필웨이

2002년부터 운영된 중고 명품 온라인 쇼핑몰로 중고일 경우 판매가격의 7.9%, 새 제품일 경우 9.9%의 수수료를 지불하면 된다. 제품을 받아 보고 맘에 들지 않으면 7일 이내 반품이 가능해 보다 만족스러운 거래를 할 수 있다.

www.feelway.com 1544-9192

그린공간

판매된 제품에 대해 데이터베이스를 가진 국내 유일한 매장. 바코드가 찍힌 자체 보증서를 발급하고 제품에 대한 정보를 저장해 두어 모조품에 대한 걱정 없이 보다 안전한 거래를 할 수 있다. 서울 양재동과 부천 상동 및 중동 등 오프라인 3곳을 온라인과 함께 운영한다.

www.그린공간.kr 070-4233-2151

스파SPA 브랜드 공략하기

정장룩은 물론 데님 팬츠와 같이 캐주얼한 의상에도 잘 어울리는 애니멀 프린트 블라우스. 자라의 시즌오프 때 3만6천 원에 구입했다.

시장표 옷들은 무언가 부족하고 고가의 내셔널 브랜드는 부담스러운 이들에게는 스파SPA 브랜드에 눈을 돌려볼 것을 강력하게 권한다. 스파SPA 브랜드는 디자인과 생산, 그리고 판매에 이르는 전 과정을 회사가 자체적으로 담당하고 있어 가격의 거품을 뺀 것이 특징이다. 무엇보다 철마다 바뀌는 패션 트렌드를 반영해 디자인된 다양한 옷들을 저렴한 가격에 살 수 있어 인기를 끌고 있다. 이러한 차별화된 전략 덕분에 명품으로 넘쳐 나던 뉴욕 맨해튼 5번가와 일본 도쿄의 긴자, 그리고 프랑스 파리의 샹젤리제 거리에 다양한 스파SPA 브랜드들이 입점해 명품 매장들과 당당히 어깨를 나란히 하고 있다.

티셔츠는 1~3만 원 정도면 구입할 수 있고 겨울철 필수품인 니트도 대부분 10만 원 안팎일 뿐만 아니라 아우터의 경우 30만 원이 넘지 않는다. 가격에 비해 소재도 괜찮은 편이라 일반 시장 제품의 소재가 못마땅했던 사람들에겐 안성맞춤이다. 국내에 입점한 스파SPA 브랜드는 자라ZARA, 에이치앤엠H&M, 유니클로UNIQLO, 포에버21FOREVER 21 등이 있으며 시즌 오프 기간을 이용하면 최대 50% 이상의 할인을 한 제품도 구매할 수 있다. 잘 나가는 디자인의 사이즈는 빛의 속도로 품절되기 일쑤니 세일이 시작되는 날짜를 미리 알아 두었다가 바로 구매해야 원하는 아이템을 손에 넣을 수 있는 확률이 높아진다. 자라ZARA나 에이치앤엠H&M 같은 경우는 키즈 사이즈가 13~14세까지 나오므로 키가 163㎝ 미만으로 44~55사이즈를 입는 왜소한 체구의 여성이라면 우먼 라인보다 가격이 훨씬 저렴한 키즈 라인에서 쇼핑하는 것도 방법이다. 특히 엄마라면 아이와 함께 저렴한 커플룩을 구입하기에 최상의 장소다. 단 사이즈는 맞아도 아이용으로 나온 옷들이라 막상 입었을땐 핏이 어색할 수 있으니 반드시 입어 보고 구매하도록 한다.

해외 구매 대행 쇼핑몰 이용하기

미국이나 영국, 프랑스 등의 현지에서 판매를 대행하는 구매 대행 쇼핑몰은 우리나라에 수입된 고가의 브랜드를 국내보다 저렴하게 구매할 수 있는 곳이다. 미국은 11월 넷째 주 주말인 추수감사절이나 크리스마스 등 시즌 세일이나 정기 세일, 이외 깜짝 세일을 종종 하므로 자주 쇼핑몰을 방문해 업데이트 되어 있는 것을 체크한다면 국내보다 적게는 20~30%, 운이 좋으면 50% 이상 할인된 가격에 하이 브랜드의 옷을 구매할 수 있다. 해외 배송되어 배송 기간이 1~2주 정도 걸리니 느긋한 마음으로 쇼핑을 해야 한다.
영어 회화가 가능한 사람이라면 현지에서 운영되는 쇼핑몰을 이용하는 것이 가장 확실한 알뜰쇼핑 방법이다. 원래 해외 배송을 하지 않는 곳도 사업자를 잘 설득하면 배송해 주기도 한다. 할인 폭이 큰 쇼핑몰에서 물건을 구입해 약간의 수수료를 지급받는 구매 대행 카페를 이용해 물건을 구입하는 것도 경제적인 해외 쇼핑의 한 방법이다.
6pm.com은 미국의 거의 모든 패션 브랜드를 취급하고 있는 종합 쇼핑몰이다. 매일 70~80% 정도 할인 폭이 큰 브랜드가 메인 화면에 뜨며 일정액을 구매하면 명품 브랜드의 리미티드 에디션을 쇼핑할 수 있는 기회가 주어진다. my habit.com 같은 경우는 돌체앤가바나Dolce and Gabbana나 마르니Marni 등의 고가의 브랜드를 30~70% 정도의 가격으로 구매할 수 있는 쇼핑몰이다. 매일 브랜드가 추가되고 미리 업데이트 될 브랜드를 확인할 수 있으며 추수감사절이 돌아오면 80%까지 세일을 하므로 경제적인 쇼핑이 가능하다. 단 품절이 빨라 업데이트 되자마자 빠르게 구매를 결정해야 원하는 상품을 얻을 수 있다.
미국 패션 쇼핑몰 숍밥은 마크 제이콥스Marc jacobs와 다이앤 본 퍼스텐버그Diane von furstenberg, 띠어리Theory 등 국내에서도 구입할 수 있는 명품 브랜드를 보다 저렴한 가격으로 직접 배송을 해주는 쇼핑몰로, 별도의 구매 대행 수수료 없이 쇼핑이 가능한 곳이다. 아직 국내에 알려지지 않았지만 미국에서 꾸준히 사랑받고 있는 브랜드도 접할 수 있어 유니크한 패션 아이템을 원하는 이들에게 매력적인 곳이다. 단점이 있다면 주문 제품의 오배송 등 여러 문제가 생겼을 때 직접 해결해야 한다는 것. 또한 옷을 수선해야 하거나 여분의 단추가 필요한 상황이 생겼을 때 애프터서비스를 받을 확률은 거의 희박하다. 또한 구두나 벨트와 같이 사이즈에 민감한 아이템은 신중하게 선택해 물건이 내 손안에 들어오기까지 짧게는 2주, 길게는 2주~1개월 이상씩 걸리는 구매 대행의 번거로움을 막을 수 있다. 사이즈 실패를 가장 확실하게 막을 수 있는 방법은 당연히 직접 착용해 보는 것. 국내에 입점해 있는 브랜드일 경우는 매장에서 직접 체크해 볼 수 있지만 현지에만 있는 브랜드의 경우라면 판매자에게 꼼꼼히 사이즈에 관한 문의를 거쳐 상품을 구입하는 것이 좋다.

알뜰 쇼핑이 가능한 해외 & 구매 대행 쇼핑몰

6pm닷컴 *www.6pm.com*
국내에 잘 알려진 브랜드는 물론 미국의 내셔널 브랜드까지 다양하다. 이곳에서 일정 금액을 구매하면 고가의 브랜드로 구성된 리미티드 에디션을 저렴하게 구매할 수 있는 자격이 주어진다. 단 배송일이 평균 2주 정도 걸리며, 교환이나 반품 시 영어로 메일을 보내야 한다.

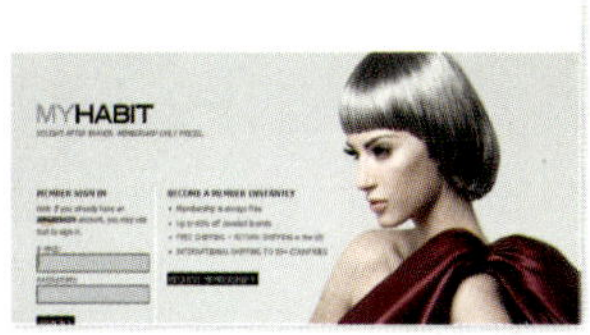

마이해빗닷컴 *www.myhabit.com*
우먼, 맨, 칠드런, 홈, 기프트의 섹션으로 나누어져 있으며 매일매일 새로운 브랜드가 업데이트 된다. 단 70~80% 정도의 엄청난 할인율로 그만큼 품절 속도도 매우 빠르므로, 업데이트 되자마자 부지런히 클릭해야 원하는 아이템 쇼핑에 성공할 수 있다.

샵뉴욕 *www.shopnewyork.co.kr*
DKNY, 토리버치는 물론 고가의 샤넬 백을 구입할 수 있는 구매 대행 쇼핑몰. 대부분의 제품이 세일 가에 판매되어 국내에서 판매되는 신상품을 20~50% 이상 할인가에 구매 가능하다. 또한 국내에 사무실이 있어 타 구매 대행 쇼핑몰에 비해 배송이 빠른 편이다.

쇼핑맘 *www.shoppingmom.co.kr*
미국 내 백화점과 아울렛 등에서 구매한 물건을 판매하는 쇼핑몰로 대부분의 제품을 50~75% 정도의 할인된 가격으로 판매한다. 쇼핑몰의 광고를 하지 않아 저렴한 것이 매력적이다. 주인장이 직접 착용해 보고 편안한 것만 선별해 판매하므로 더욱 믿을 수 있는 곳이다.

오뜨뉴욕 *www.hauteny.co.kr*
알렉산더왕, 레그앤본, 3.1 필립림, 씨바이 클로에 등 해외 디자이너의 제품을 할인된 가격에 구매할 수 있는 인터넷 아울렛 매장. 미국 현지 사정에 따라 가격이 변동되는 대로 업데이트가 빨라 보다 정확한 쇼핑 정보를 얻을 수 있으며 셀프 쇼핑 후 구매 대행이 가능하다.

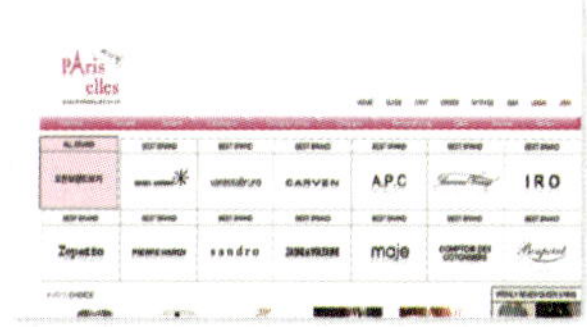

빠리젤 *www.pariselles.co.kr*
프랑스의 다양한 브랜드를 판매하는 곳. 남성 의류, 아동복 브랜드 봉쁘앙도 만날 수 있다. 핸드폰 문자와 사이트의 Q&A 상담을 통해 고객이 원하는 콘셉트를 제안하면 그에 맞는 옷을 현지에서 구매해주는 퍼스널 쇼퍼 개념을 도입한 서비스가 특징이다.

샴푸넷 *www.shampu.net*
탑샵, 아소스 등 영국의 유명한 스트리트 브랜드의 옷과 소품을 만날 수 있는 곳. 또한 영국에서 유행하는 핫 브랜드들이 시즌에 맞게 업데이트 되어 영국의 패션 트렌드 정보를 얻을 수 있다. 패션 아이템은 물론 캐시 키드슨의 인테리어 소품도 판매하고 있다.

런던놀이 *www.londonnori.co.kr*
영국 런던의 현지 온 · 오프라인 매장에서 상품을 대리로 구매해 한국으로 직접 배송해 주는 쇼핑몰. 의류 브랜드는 물론 헌터, 닥터 마틴 등 다양한 슈즈 브랜드를 만날 수 있다. 또한 옷과 액세서리의 카테고리가 세부적으로 나뉘어 있어 쇼핑하기가 편리하다.

숍밥 닷컴 *www.shopbop.com*
마크 제이콥스와 다이앤 본 퍼스텐버그, 마이클 코어스 등 국내에서도 인기 있는 명품 브랜드를 보다 저렴한 가격에 판매하는 곳. 직접 해외 배송을 해주는 쇼핑몰로 한국어도 지원되어 영어에 약한 이들도 부담 없이 해외 쇼핑이 가능한 곳이다.

부담스럽지도 식상하지도 않은 스타일링 공식

무심한듯 시크하게 입는 옷입기 공식

커리어 우먼들은 예의상이라도 메이크업을 하지만 집에서 일하는 프리랜서나 전업 주부는 매일 메이크업을 하는 일이 드물다. 하지만 특별한 약속이 없더라도 마트에 가거나 유치원에서 돌아오는 아이를 차로 마중하기 위해 잠시 집 밖을 나가야 할 때, 당신의 민얼굴을 좀 더 빛낼 수 있는 패션 스타일링 노하우는 없을까? 컬러풀한 아이템이 그 답이다.
예쁘게 메이크업을 하고 머리 손질도 잘한 상태라면 블랙이나 화이트 컬러의 옷이 모던하게 느껴지겠지만 질끈 묶은 머리와 색조 메이크업이 전무한 얼굴에 블랙이나 그레이, 혹은 화이트 같은 무채색의 옷을 입는다면 지극히 평범해 보일 수밖에 없다. 이럴 때 세련된 컬러의 옷을 입으면 '나 감각 좀 있는 사람이야' 라고 간접적으로 표현할 수 있다.
커리어 우먼들도 매일 아침마다 '무엇을 입고 나가느냐'로 고민을 한다. 무심한 듯 시크하게 당신의 패션 스타일을 업그레이드할 수 있는 방법 중 하나가 트렌디한 아이템을 하나씩 믹스 매치하는 것이다. 화이트 티셔츠에 청바지를 입으면 말 그대로 평범한 룩이지만 청바지 대신 하이웨이스트 팬츠를 입거나 컬러풀한 스커트를 매치한다면 스타일은 완전히 달라진다. 여기에 무심히 휙휙 두른 볼륨감 있는 머플러나 유니크한 목걸이, 팔찌 같은 액세서리를 더하면 평범한 데일리룩도 반짝 반짝 빛이 날 것이다.

칩 브랜드 저렴해 보이지 않게 스타일링하기

인터넷 쇼핑의 단점은 자칫 너무 흔한 옷을 입게 될 수 있다는 것이다. 비슷한 시기에 쇼핑몰에서 산 옷으로 머리부터 발끝까지 치장하면 최신 유행하는 옷을 바로 사 입은 티가 난다. 나의 경우에는 인터넷 쇼핑몰에서 구입한 옷은 해외여행을 갔을 때 구매했거나 기존에 입던 내셔널 브랜드의 옷을 함께 입어 흔하거나 저렴한 옷을 입었다는 느낌이 들지 않도록 코디네이션에 신경을 쓴다. 값싼 아이템일 경우 소재 등에서 저렴함이 느껴질 수 있기 때문에 머리끝부터 발끝까지 저렴한 아이템으로 전체를 스타일링 하는 것보다 적절히 브랜드 제품과 시장 제품을 믹스하는 것이 좋다. 예를 들어 1만5천 원을 주고 동대문시장에서 산 화이트 티셔츠와 돌체앤가바나Dolce and Gabbana의 기본 블랙 재킷을 매치한다거나 10만 원 안팎을 주고 구입한 자라ZARA의 블랙 원피스를 입은 뒤 고급 캐시미어 소재의 카디건을 걸친다면 당신의 패션이 값싼 패션으로 전락할 일은 없을 것이다.

또 하나, 패션을 저렴하지 않게 만드는 스타일링 노하우 중 하나는 바로 럭셔리한 소품을 이용하는 방법이다. 나 같은 경우 인터넷 쇼핑몰과 동대문에서 옷을 사는 데는 전혀 거리낌이 없지만 가방이나 구두, 시계 등 다소 주목도가 높은 소품은 되도록 브랜드의 제품을 구입하는 편이다. 옷은 저렴한 것을 입어도 소품을 다소 비싸 보이는 것으로 매치하면 저렴한 옷도 고급스러운 느낌을 줄 수 있기 때문이다. 특히 가방과 구두 같은 경우는 소재의 퀄리티가 가장 잘 드러나는 아이템이므로 더욱 그렇다. 그래서 여자들이 가방과 구두에 그렇게 열광하는 것일지도 모른다.

맹목적인 유행을 좇는 아이템을 피하는 것도 신경써야 할 점이다. 칩 브랜드의 경우 회전률이 빠르기 때문에 어떤 아이템이 트렌드로 떠오르면 그것을 모방한 유사 디자인이 많이 나온다. 아무리 예뻐도 가장 중요한 것은 '나와 어울리는가?' 라는 걸 마음에 늘 새겨두자.

밋밋한 의상에 힘주기, 액세서리 매치하기

평범한 스타일링에 악센트를 더하기 위해서 꼭 필요한 것이 액세서리다. 그중에서도 스카프나 머플러는 누구나 손쉽게 연출하기 편한 아이템이다. 봄과 여름에는 아사 소재나 가벼운 실크 소재의 사이즈가 작은 쁘띠 스카프를, 겨울에는 볼륨감이 풍성한 머플러를 매치하는데 이때는 패턴이나 컬러에 맞춰 스타일링을 하는 것이 좋다. 패턴이 화려한 옷을 입었다면 프린트가 없는 스카프를 고르고, 단색의 옷을 입었다면 레오파드나 플라워 패턴같이 조금 화려한 머플러를 매치하면 스타일링이 훨씬 근사해진다. 겨울철 교복처럼 입게 되는 블랙 컬러 아우터에는 패턴이 화려한 디자인이나 비비드 컬러의 머플러를 두르면 무심한 듯 멋진 스타일을 연출할 수 있다. 컬러풀하거나 독특한 프린트의 스트랩 시계는 팔찌를 대신해 멋진 액세서리가 될 수 있는 아이템 중 하나다.

화이트나 블랙처럼 밋밋한 모노톤의 옷차림에 볼드한 목걸이 혹은 팔찌를 하나만 더하면 분위기가 훨씬 세련되게 바뀐다. 평상시 베이식한 아이템을 즐겨 입는 이들이라면 아주 간단하게 포인트를 줄 수 있다. 단 무게감 있는 액세서리를 매치할 때는 과도하지 않도록 신경 쓸 것. 목에는 길게 늘어지는 목걸이를, 팔에는 여러 개의 팔찌를 두르면 잡지 화보에서 막 튀어 나온 듯한 과장된 패션이 되기 쉽다. 진정한 멋쟁이는 무심한 듯 보이지만 완벽히 꾸며진 것처럼 보이는 이들이다.

촌스럽지 않게 컬러풀한 옷 입기

옷을 선택하는데 있어 컬러는 매우 중요한 요소가 된다. 아무리 예쁜 컬러라도 다른 옷, 혹은 액세서리의 컬러와 잘 어울리지 않는다면 당신의 패션 감각은 마이너스 점수를 받기 쉽다. 일반적인 의상에 사용하는 컬러는 기본 색상에서 약간씩 톤의 차이만 있을 뿐 크게 변하지 않는다. 기본 컬러 공식을 기억해 둔다면 평소 큰 용기를 내야만 입을 수 있었던 컬러풀한 옷도 멋지게 소화할 수 있을 것이다.

기초 컬러 매치법, 톤 온 톤 매치

컬러 매치법의 가장 기본이 되는 톤 온 톤Tone on Tone 매치법은 같은 계열의 색상끼리 명도나 채도 등의 톤만 달리해 배색하는 방법을 말한다. 블랙과 그레이, 블루와 네이비 등의 컬러를 조합하는 것이 그 예다. 톤 온 톤 매치는 무난한 컬러 매치 방법이라 촌스럽다는 오명을 얻을 확률은 거의 없지만 자칫 몸매가 밋밋해 보이거나 지루한 패션이 될 수 있다. 이럴 때는 화려한 액세서리를 매치하거나 컬러풀한 가방 혹은 구두를 선택해 포인트를 주자.

업그레이드 된 컬러 매치법, 비비드 컬러 매치

핫 핑크나 형광 그린 컬러처럼 눈에 띄는 컬러의 옷들은 기분전환용으로 입으면 제격이다. 하지만 잘못 입으면 패션 테러리스트가 되는 지름길의 아이템이기도 하다. 비비드한 컬러 매치의 실패 확률을 줄이는 비법은 바로 튀는 컬러의 아이템을 한 가지 이상 섞지 않거나 모노톤과 매치하는 것이다. 예를 들어 튀는 컬러의 상의를 입었다면 하의는 블랙이나 그레이, 화이트처럼 모노톤을 매치한다. 비비드 컬러끼리 매치하고 싶다면 유사 대비 컬러끼리 조합한다. 유사 대비란 비슷한 성격을 가진 색들이 배색됨을 일컫는데 예를 들어 오렌지와 옐로 또는 핑크, 블루와 그린 또는 퍼플 등을 조합하는 것이다. 이렇게 유사 컬러를 매치한 스타일링은 보다 부드럽고 친근한 느낌을 준다. 기분까지 밝게 해주는 비비드한 컬러의 아이템은 컬러만큼이나 즐길 수 있는 스타일링이 무궁무진해 도전하면 할수록 재미를 더해준다.

개성 있는 컬러 매치법, 보색 컬러 매치

그동안 블랙과 화이트만 고집했던 이들이라면 눈 한 번 질끈 감고 비비드 컬러에 도전해 보자. 보색의 아이템끼리 상하의를 연출하거나 겹쳐 입으면 확실한 개성을 살릴 수 있다. 보색 컬러를 매치할 때에는 무채색보다는 레드나 그린, 오렌지 등 눈에 띄는 화려한 컬러의 아이템과 그에 반대되는 배색의 아이템을 매치하면 화려하면서도 시크한 레트로풍의 룩을 연출할 수 있다. 레드나 그린, 오렌지와 브라운처럼 배색 컬러끼리 연출하면 화려하고 명쾌한 느낌을 줄 수 있다. 단 비비드한 컬러끼리의 보색 대비 스타일링을 연출할 때는 채도가 낮은 색을 선택한다. 여기에 액세서리는 금속이나 컬러를 통일한 심플한 디자인으로 골라 함께 연출하는 것이 좋다.

난해한 패턴 옷 입기

패턴이 강렬한 옷은 무늬가 없는 옷보다 세련되고 다양한 스타일링을 연출할 수 있지만 잘못 입으면 통통해 보이거나 올드 패션의 1인자가 되기 십상이다. 이때는 무엇보다 다른 아이템과 어떻게 믹스하느냐의 선택이 중요하다. 잔잔한 패턴 옷을 단품으로 입는다면 괜찮지만 몸에 걸친 여러 아이템 중 2~3개 이상이 프린트 아이템이라면 주의해야 할 점이 생긴다. 패턴 옷을 입기 전에는 내 체형의 단점을 부각시키는지, 장점을 돋보이게 하는지도 고려해 봐야 한다.

애니멀

세련된 패턴 중 단연 돋보이는 것은 바로 호피 무늬나 지브라, 스네이크 등의 애니멀 패턴이다. 하지만 이 애니멀 패턴의 치명적인 단점은 잘못 입으면 처녀도 아줌마로 둔갑시키는 요상한 재주를 가졌다는 사실이다. 그렇다면 이 애니멀 패턴은 어떻게 입어야 할까?

초보자라면 액세서리부터 시작하라고 말하고 싶다. 블랙 컬러, 심플한 디자인의 정장에 호피 무늬 가방, 혹은 스카프를 두르면 가장 무난하면서도 은근히 세련된 스타일링을 연출할 수 있다. 이렇게 호피 무늬 액세서리로 기본기를 다졌으면 그 다음엔 과감히

호피 무늬의 옷에 도전장을 내밀자. 호피 무늬의 옷은 액세서리와는 약간 다르게 조심할 것이 몇 가지 있다. 첫 번째, 소재에 보다 신경 쓸 것. 만약 면 소재의 호피 무늬 스커트에 면 티셔츠를 입는다면 루즈한 느낌으로 나이가 들어 보이기 쉽다. 하지만 호피 무늬 스커트에 실크 소재의 블라우스나 톱을 매치한다면 오피스룩으로 손색이 없는 스타일링이 완성된다. 또한 호피 무늬는 그 자체만으로도 화려하고 복잡하기 때문에 다른 패턴이나 화려한 컬러의 아이템과는 섞지 않는 것이 안전하다. 호피 무늬의 아이템에 만약 컬러풀한 옷을 믹스하고 싶다면 파스텔 계열의 핑크나 민트, 그레이 컬러 정도가 적당하다.

플라워

레트로풍의 패션 스타일이 인기를 끌면서 플라워 패턴의 원피스와 스커트는 옷장 속 필수 아이템으로 등극한 지 오래다. 이제는 플라워 패턴의 재킷이나 후드 집업 점퍼 등이 등장할 만큼 여심을 흔들어 놓고 있다. 플라워는 패턴이 화려해 단색의 아이템과 매치하는 것이 좋은데 이때 플라워 패턴의 컬러 중 한 가지를 선택해 통일을 시켜 주는 것이 좋다. 작은 플라워 패턴은 귀엽고 사랑스러운 분위기를 내 플라워 패턴을 처음 입는 이들이라도 무난하게 소화할 수 있다. 반면 빅 플라워 패턴은 강렬하고 세련된 느낌을 주지만 자칫 팽창되어 보일 수 있으므로 체형이 큰 사람은 피하는 것이 좋다.

스트라이프

스트라이프 패턴은 유행과 시즌에 상관없이 늘 사랑받는 아이템 중 하나다. 남녀노소를 불문하고 누구나 한 벌쯤은 갖고 있을 정도로 대중적인 아이템이다. 이렇게 스트라이프 티셔츠는 평범하게 느껴지지만 어떤 아이템과 매치하느냐에 따라 분위기가 전혀 달라진다. 보이프렌드 핏의 박시한 재킷에 이너웨어로 입으면 톰보이룩으로, 화이트 컬러의 와이드 팬츠나 화이트 플레어스커트와 매치하면 바로 요트에서 내린 듯한 마린룩을 완성할 수 있다. 최근에는 화려한 비비드 컬러와 네온 컬러가 믹스된 스트라이프 패턴의 아이템이 출시되어 세련되고 다양한 룩을 연출할 수 있게 되었다. 또한 스트라이프 패턴의 옷은 체형을 보완하는 데도 큰 역할을 한다. 큰 체형을 가진 이들은 스트라이프 굵기가 가늘고 밝은 컬러를 매치하는 것이 좋다. 또한 가로 스트라이프 패턴보다는 세로 스트라이프 패턴이 보다 날씬하면서 키가 커 보이는 효과를 얻을 수 있다.

체크

체크 패턴은 클래식룩을 연출하기 좋은 패턴으로 정장부터 캐주얼까지 다양한 분위기를 만들 수 있다. 클래식한 체크 패턴은 종류가 폭넓고 유행에 상관없이 입을 수 있어 활용도가 높다. 하운드 투스Hound Tooth Check는 사냥개의 이빨처럼 보인다고 해서 붙여진 이름으로 블랙과 화이트의 조화가 모던한 느낌을 준다. 깅엄 체크Gingham Check는 같은 간격으로 작은 격자무늬를 그리고 있는 체크 패턴으로 발랄하고 어려 보이는 효과를 준다. 또한 아가일 체크Argyle Check는 아주 얌전하고 레트로적인 분위기를, 타탄 체크Tartan Check는 격자무늬가 이중 삼중으로 겹쳐진 스코틀랜드의 전통적인 체크 패턴으로 스마트하고 클래식한 느낌을 주기 좋다. 패턴이 있는 아이템은 다른 패턴의 아이템과 매치하기가 쉽지는 않지만 타탄 체크처럼 잔잔한 체크 패턴이 가미된 아우터의 경우, 스트라이프 패턴의 이너웨어와 레이어드해도 세련되게 연출할 수 있다. 단 이처럼 다른 프린트와 매치할 경우에는 컬러는 같은 계열로 맞추는 것이 좋다. 체크 패턴의 옷은 잘못 입으면 다소 통통해 보여 체형이 큰 이들에게 부담스러운 것으로 알려져 있지만 크기가 작은 체크를 선택한다면 그러한 단점을 막을 수 있다.

체형별 옷 입기

완벽한 바디라인을 가진 소수의 여성들을 제외한다면 누구나 옷을 입기 전 좀 더 날씬하고 예뻐 보이는 옷을 고르려 할 것이다. 그러기 위해서는 스스로의 체형의 단점과 장점을 알고 있어야 한다. 자신의 체형의 장점은 살리고 단점은 감쪽같이 커버해 주는 아이템과 코디법을 미리 알고 있다면 좀 더 만족스러운 패션 스타일링이 가능하다.

상체 통통 체형

러플 장식이나 큰 패턴이 있는 상의, 턱까지 올라오는 터틀넥 스웨터는 상체를 더욱 부각시키므로 피해야 한다. 볼륨감이 느껴지는 트위드나 무스탕 같은 소재는 피하고 실크처럼 가벼운 소재의 상의를 선택한다. 어두운 컬러에 심플한 디자인의 상의와 비비드 컬러나 프린트, 혹은 볼륨감이 있는 하의를 선택한다면 통통한 상체를 보다 날씬해 보이도록 연출할 수 있다.

하체 통통 체형

통통한 하체를 가리겠다고 무작정 헐렁한 팬츠를 선택하는 것은 최악이다. 부자연스러운 핏 때문에 남들의 시선이 자연스레 하체로 집중되기 때문. 허벅지 라인은 살짝 달라붙게, 종아리로 갈수록 살짝 느슨해지는 자연스러운 핏의 심플한 디자인의 팬츠나 스커트를 선택하는 것이 가장 좋다. 또한 상의는 디테일이 있는 것을 골라 시선을 위로 끌어들이는 방법이 현명하다.

배가 나온 체형

앉으면 접히는 뱃살 때문에 고민이라면 소품을 적극 활용해 볼 것. 여유있는 셔츠나 니트에 벨트를 매치하면 시선이 분산되어 뱃살이 가려지는 효과가 있다. 또한 허리를 보다 잘록하게 보이도록 도와 준다. 이외에도 윗부분은 붙지만 아래로 내려갈수록 여유로워지는 A라인의 원피스를 입거나 사선으로 주름이 잡힌 디자인의 옷을 선택하면 배를 좀 더 홀쭉하게 연출해 준다.

짧은 다리의 체형

다리가 짧은 체형은 대부분 허리가 긴 경우가 많다. 이런 체형을 커버하기 위해서는 하이웨이스트의 팬츠나 스커트, 원피스를 입는 것이 좋다. 아우터 또한 기장이 긴 것보다는 엉덩이를 살짝 덮는 블레이저나 블루종 같은 아이템이 좋다. 벨트를 맬 때는 본인의 허리보다 약간 더 위로 매면 다리가 훨씬 길어 보인다.

전체적으로 마른 체형

팽창 효과가 있는 밝은색의 컬러 아이템을 입는 것이 좋다. 어깨 폭이 좁은 재킷이나 베스트는 피한다. 대신 여유 있는 실루엣의 재킷을 입거나 도톰한 소재의 옷을 입는 것도 마른 체형을 커버하는 요령. 몇 년 전부터 트렌드가 된 파워 숄더 재킷도 마른 체형을 보완할 수 있는 좋은 아이템이다.

Part **2**

옷장 속
기본 아이템으로
매일 멋지게 입기

Styling Daily item

매일 아침 옷장 문을 열 때마다 '오늘은 무얼 입을까?' 라는 고민에 빠진다. 아쉬운 마음에 또 쇼핑을 하게 되고, 옷장 속의 옷들은 점점 늘어가 입지 않은 옷 또한 쌓여 간다. 그러나 평범한 티셔츠 한 장도 보이시한 데님 팬츠 또는 망사 스커트에 매치하느냐에 따라 극한의 패션 스타일이 완성될 수 있다. 결국 옷은 얼마나 많이 사느냐보다 어떻게 활용하는지가 중요하다. 옷장 속에 감추어 둔 기본 아이템을 자기만의 스타일로 자유롭게 입을 수 있는 스타일링 감각만 익힌다면 옷 입기에 대한 고민도 말끔히 사라진다.

01.
모노톤 티셔츠

모노톤 티셔츠는 편안하게 입을 수 있는 기본 아이템이다. 하나만 입어도 되고 간절기 레이어드용으로 더없이 좋다. 재킷 속 이너웨어로 입거나 슬리브리스 원피스나 베스트와 레이어드하면 보온 효과도 높이고 스타일을 살려 준다. 블랙과 화이트는 기본, 그레이나 스킨 컬러의 모노톤 티셔츠를 여러 장 소장한다면 두루두루 요긴하게 입을 수 있다.

"모노톤 티셔츠는 캐주얼룩에도 연출하기 좋지만
정장을 입을 때 셔츠 대신 이너웨어로 입으면
훨씬 편안한 정장룩을 연출할 수 있어요"

style **01**

모노톤 티셔츠 + 슬리브리스 원피스

슬리브리스 원피스를 모노톤 티셔츠와 레이어드하면 봄과 가을까지 요긴하게 입을 수 있다. 컬러풀하고 패턴이 있는 원피스라면 더욱 시크해 보인다.

style **02**

모노톤 티셔츠 + 블랙 베스트 + 블랙 배기팬츠

모노톤 티셔츠에 베스트를 레이어드하고 루즈한 배기팬츠를 매치하면 매니시한 분위기의 오피스룩이 완성된다.

style **03**

모노톤 티셔츠 + 야상 점퍼 + 레드 스커트

모노톤 티셔츠와 야상 점퍼로 활동성을 살린 캐주얼룩. 다소 밋밋해 보일 수 있어 컬러풀한 레드 스커트로 포인트를 주어 세련된 느낌을 살렸다.

style **04**

모노톤 티셔츠 + 슬리브리스 톱 + 플리츠 스커트

슬리브리스 톱과 모노톤 티셔츠를 겹쳐 입으면 편안한 옷차림이 완성된다. 여기에 도트 프린트의 플리츠 스커트를 매치하면 귀여워 보인다.

02.
화이트 블라우스

화이트 블라우스는 그 어떤 컬러나 아이템과도 어울리는 도화지와 같다. 옷을 잘 입지 못하는 사람이라도 실패 확률이 적은 아이템이라는 뜻이다. 더 나아가 조금만 잘 매치하면 그 어떤 의상보다 근사한 룩을 완성할 수 있다. 블라우스 자락을 스커트나 팬츠 속에 넣어 입는 언더블라우스와 위에 덮이도록 내어 입는 오버블라우스를 한 종류씩 갖추면 다양한 연출이 가능하다.

"화이트 블라우스는 되도록 디테일이 없는 것을 구입해야
유행과 상관없이 오래 입기 좋아요. 소재 또한 빳빳한 면 소재보다는
워싱처리된 듯 부드러운 촉감의 블라우스가 활용도가 높지요"

style **01**

화이트 블라우스 + 스트레이트 팬츠

화이트 블라우스와 스트레이트 팬츠의 매치는 오피스룩의 정석이라 할 수 있다. 여기에 호피 무늬의 머플러를 매치하면 트렌디한 분위기를 더할 수 있다.

style **02**

화이트 블라우스 + 후드 집업 블루종 + 화이트 레깅스

상하의를 톤 온 톤 매치한 뒤 그레이 컬러의 후드 블루종을 입어 모던한 캐주얼룩을 연출했다. 편안한 룩을 연출해야 하는 장소에서 세련된 스타일링.

style **03**

화이트 블라우스 + 카디건 + 미니스커트

얌전한 화이트 블라우스에 캐주얼한 미니스커트를 매치하면 활기차 보인다. 카디건을 어깨에 살짝 둘러 주면 여성스러운 느낌은 배가 된다.

style **04**

화이트 블라우스 + 모노톤 티셔츠 + 플리츠 스커트

화이트 블라우스와 티셔츠를 레이어드한 뒤 로맨틱한 스커트를 입으면 페미닌룩이 연출된다. 볼드한 진주 목걸이를 하나만 더한다면 고급스럽다.

03. 스트라이프 티셔츠

여름에 빠질 수 없는 마린룩은 경쾌한 느낌으로 3살쯤 어려 보이게 하는 효과가 있다. 마린룩의 대표 아이템인 스트라이프 티셔츠는 누구나 한 벌 이상 가지고 있을 만큼 남녀노소를 불문하고 좋아하는 아이템이다. 네이비 컬러의 스트라이프 패턴은 화이트 컬러의 하의와 가장 잘 어울린다. 네이비 컬러를 기본으로 아이템을 바꿔 매칭하면 스트라이프 티셔츠를 보다 예쁘게 입을 수 있다.

"활용도가 높은 스트라이프 티셔츠를 좋아해서 화이트, 네이비, 레드 등 컬러별로 갖고 있죠. 캐주얼하게 입어도 예쁘지만 익숙해졌다면 정장 아이템에도 매치해 보세요. 멋진 스타일링이 완성되어요"

style **01**

스트라이프 티셔츠 + 쇼트 팬츠 + 러버 부츠

스트라이프 티셔츠와 쇼트 팬츠로 베이식한 마린룩을 연출한다. 레인 부츠를 함께 매치한다면 장마철 기분까지 경쾌해지는 스타일이 된다.

style **02**

스트라이프 티셔츠 + 화이트 재킷 + 9부 팬츠

재킷 안에 뻔한 화이트 셔츠 대신 스트라이프 티셔츠를 받쳐 입어 보자. 움직임이 훨씬 편안해지면서도 스타일리시함까지 얻게 된다.

style **03**

스트라이프 티셔츠 + 아노락 + 팬츠

스트라이프 티셔츠에 비비드 컬러 아노락을 매치하면 발랄한 분위기가 더해진다. 날씨 좋은 봄날 피크닉룩으로 제격인 코디네이션이다.

style **04**

스트라이프 티셔츠 + 스팽글 스커트

우아한 블라우스에나 어울릴 것 같은 스팽글 스커트와 스트라이프 티셔츠를 함께 입으면 꾸미지 않은 듯 세련된 일상복을 연출할 수 있다.

04.
슬리브리스 톱

뜨거운 여름철 휴양지로의
여행에서 빠질 수 없는 것이
슬리브리스 톱이다. 하나만 입어도
좋지만 간절기에는 베스트로
활용하면 색다른 분위기를 낼 수
있는 스마트한 아이템이기도 하다.
기본 아이템이지만 소재에 따라서
다양한 매치가 가능하니
시폰, 실크 등 여러 가지 소재로
변화를 시도해 봐도 좋다.

"슬리브리스를 구입할 때는 군더더기 없는 디자인이 여기 저기 매치하기 쉽고 실용적이죠. 모노톤의 컬러를 선택해야 이너웨어로 혹은 베스트로 다재다능하게 활용하기 좋아요"

style **01**

슬리브리스 톱 + 턱시도 재킷 + 쇼트 팬츠

슬리브리스 톱을 재킷의 이너웨어로 선택하면 다소 딱딱해 보이는 재킷을 자유롭게 만들어 준다. 짧은 길이의 팬츠를 함께 입으면 훨씬 어려 보인다.

style **02**

슬리브리스 톱 + 가죽 재킷 + 스팽글 스커트

다소 남성적인 느낌의 상의에 화려한 스팽글 스커트를 더해 주면 시크하고 여성스러운 분위기로 변신된다. 클럽룩으로도 전혀 손색없다.

style **03**

슬리브리스 톱 + 모노톤 티셔츠 + 데님 팬츠

슬리브리스 톱을 베스트로 활용해 보자. 모노톤 티셔츠에 슬리브리스 톱을 레이어드하고 데님 팬츠를 입으면 은근 세련된 톰보이룩이 완성된다.

style **04**

슬리브리스 톱 + 플라워 풀 스커트 + 카디건

슬리브리스 톱에 여성스러움의 극치인 플라워 패턴의 풀 스커트를 매치해 보자. 여행을 떠날 때도 멋지게 입을 수 있는 사랑스러운 룩이 된다.

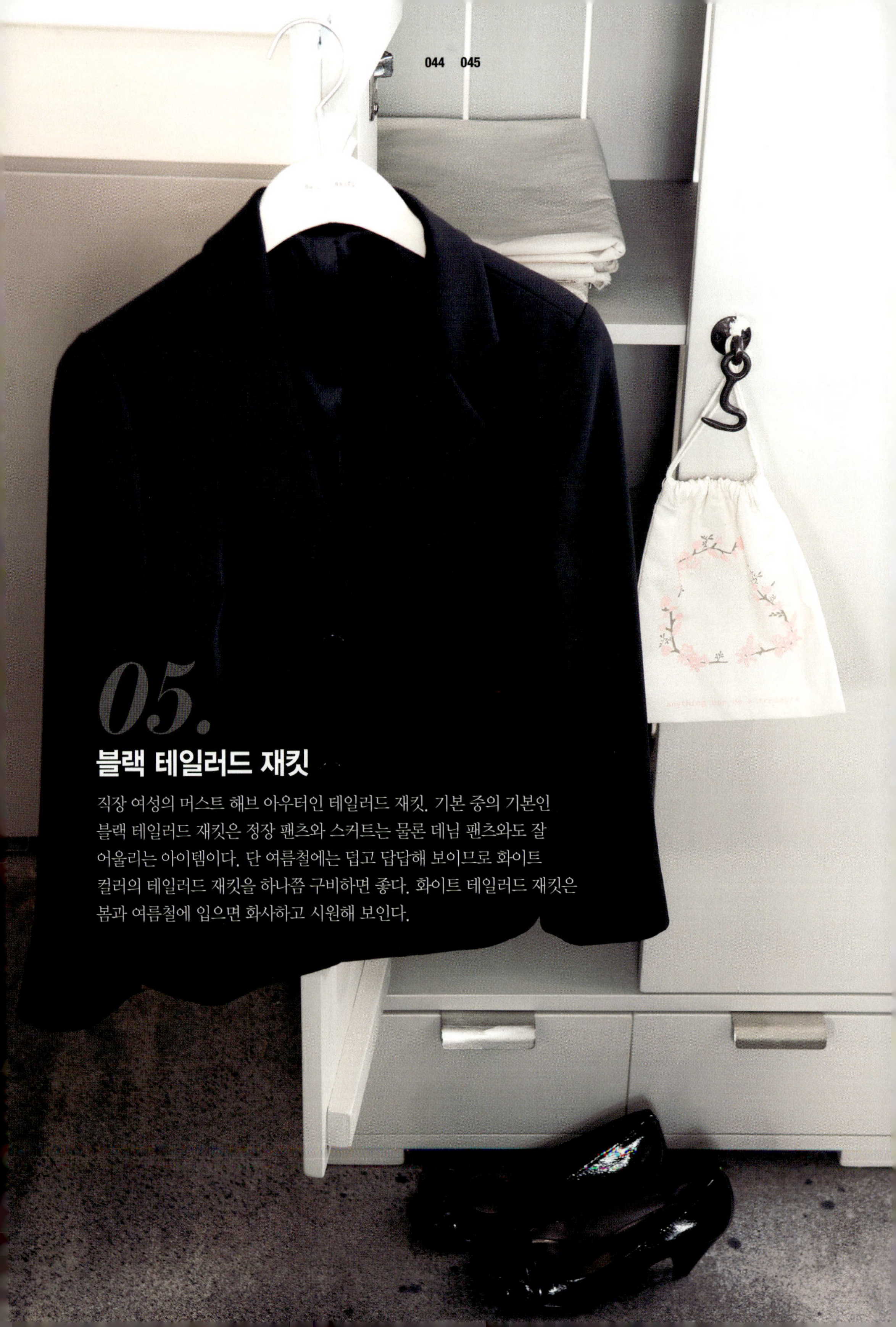

05.

블랙 테일러드 재킷

직장 여성의 머스트 해브 아우터인 테일러드 재킷. 기본 중의 기본인 블랙 테일러드 재킷은 정장 팬츠와 스커트는 물론 데님 팬츠와도 잘 어울리는 아이템이다. 단 여름철에는 덥고 답답해 보이므로 화이트 컬러의 테일러드 재킷을 하나쯤 구비하면 좋다. 화이트 테일러드 재킷은 봄과 여름철에 입으면 화사하고 시원해 보인다.

"가장 지적인 아이템을 하나만 꼽으라면 바로
블랙 테일러드 재킷이지요. 어깨선이 잘 맞고 약간의 신축성이
더해진 소재를 사용한 재킷은 날씬해 보이는 효과가 있어요"

style **01**

블랙 테일러드 재킷 + 화이트 레이스 원피스

집안 행사 때 뭘 입을까 고민된다면 이 룩을 추천한다. 블랙 테일러드 재킷에 레이스 원피스라면 격식 있는 자리에서도 우아한 자태를 뽐낼 수 있다.

style **02**

블랙 테일러드 재킷 + 프린트 티셔츠 + 데님 팬츠

캐주얼의 대명사 데님 팬츠와 블랙 테일러드 재킷은 그 자체만으로도 도시적인 매력을 발산해 준다. 프린트 티셔츠와 패턴이 있는 머플러로 포인트를 준다.

style **03**

블랙 테일러드 재킷 + 모노톤 티셔츠 + 플라워 스커트

도시적인 블랙 테일러드 재킷과 무릎 위로 살짝 올라오는 길이의 플라워 스커트의 매치도 잘 어울린다. 귀엽고 경쾌한 스타일을 원할 때 안성맞춤.

style **04**

블랙 테일러드 재킷 + 화이트 셔츠 + 스트레이트 팬츠

테일러드 재킷을 가장 클래식하게 입는 방법. 화이트 셔츠의 소매를 재킷 밖으로 꺼내 접어 입으면 정갈한 가운데 강렬한 포인트가 된다.

06.
트위드 재킷

여자들의 로망, 우아함의 대명사인 코코 샤넬Coco chanel을 떠올리게 하는 트위드 재킷. 정장은 물론 캐주얼한 아이템과 믹스해도 특유의 고급스러움으로 스타일을 더욱 업그레이드 시켜 준다. 빈티지스러워져도 예뻐서 한 벌쯤 꼭 갖춰야 할 의상이다. 블랙이나 그레이 컬러는 차분한 분위기를 주고 핑크나 브라운이 섞인 컬러는 여성스러움을 배가시켜 포인트 있는 연출을 할 수 있다.

"청담동 며느리의 필수 아이템인 트위드 재킷. 그만큼 럭셔리해 보인다는 뜻이겠지요? 예쁘긴 하지만 소재가 두꺼워 다소 통통해 보일 수 있으니 이너웨어는 꼭 얇은 것을 매치하세요"

style **01**

트위드 재킷 + 컬러 톱 + 언밸런스 스커트

얌전한 트위드 재킷을 스타일리시하면서도 섹시하게 입는 방법. 늘 입던 H라인 스커트 대신 언밸런스 커팅의 스커트를 선택하는 것이 포인트다.

style **02**

트위드 재킷 + 화이트 티셔츠 + 화이트 데님 팬츠

한동안 트위드 재킷에 블루진을 입는 것이 유행이었다. 하지만 이젠 화이트 데님 팬츠와 매치해 볼 것. 한결 더 화사한 인상을 준다.

style **03**

트위드 재킷 + 스팽글 블라우스 + 쇼트 팬츠

화려한 스팽글 블라우스에 하이웨이스트 데님 쇼트 팬츠의 매치가 색다르다. 클래식한 트위드 재킷을 레트로 스타일의 룩으로 연출해 준다.

style **04**

트위드 재킷 + 베이식 원피스

트위드 재킷과 심플한 라인의 기본 스타일 원피스를 매치하면 모임 있는 날, 기품 있는 여성이 될 수 있는 연출이 가능하다.

07.
트렌치코트

가을철 낭만적 패션 아이템을 하나만 꼽으라면 단연 트렌치코트를 뽑을 것이다. 시즌마다 기장이나 소재가 약간씩 달라져 유행이 바뀌긴 하지만 그래도 버버리 스타일의 몸에 잘 맞는 기본 디자인 하나쯤은 소장하기 좋다. 트렌드에 상관없이 5년은 너끈히 입을 수 있는 유용한 아우터가 될 것이다.

"무심한 듯 멋지게 입을 수 있는 트렌치코트. 특히 베이지 컬러의
트렌치코트는 캐주얼룩에도, 커리어 우먼의 아우터로도
활용하기 좋아 꼭 구입해야 할 아이템이에요"

style **01**

트렌치코트 + 스웨터 + 플리츠 스커트

베이식한 트렌치코트에 머플러와 그리고 플리츠 스커트를 매치해 보자. 액세서리 없이도 가을 느낌이 물씬 나는 스타일링이 연출된다.

style **02**

트렌치코트 + 호피 무늬 블라우스 + 블랙 배기팬츠

트렌치코트와 블랙 배기팬츠의 포멀한 매치에 호피 무늬의 블라우스는 강렬한 포인트를 더한다. 전체적인 스타일을 유니크하게 만들어 준다.

style **03**

트렌치코트 + 톱 + 데님 팬츠

오피스룩의 느낌이 강한 트렌치코트에 데님 팬츠를 매치하면 바로 여행을 떠나도 전혀 손색없는 편안하고 스타일리시한 코디네이션이 된다.

style **04**

트렌치코트 + 플라워 원피스

고전적인 트렌치코트는 믹스하는 아이템에 따라 분위기가 확 바뀐다. 플라워 패턴의 원피스를 함께 입는다면 성숙한 페미닌룩으로 변신하기 충분하다.

08.

후드 집업 점퍼

마트 갈 때, 운동 갈 때, 그리고 여행을 갈 때에도 아주 요긴한 후드 집업 점퍼는 모자가 달려 있어 발랄하고 어려 보이는 효과를 준다. 일상생활에서 편하고 스타일리시하게 연출하기 좋은 머스트 해브 아이템이다.

"너무 편해 무척이나 즐겨 입는 아이템이 바로 후드 집업 점퍼예요.
그레이 컬러의 후드 집업 점퍼는 어디에나 잘 어울려
전천후로 활용하기 좋답니다"

style **01**

후드 집업 점퍼 + 스트라이프 티셔츠 + 블랙 배기팬츠

후드 집업 점퍼에 트레이닝팬츠 대신 블랙 배기팬츠를 입으면 편안하면서도 절대 후줄근해 보이지 않는 캐주얼룩이 된다.

style **02**

후드 집업 점퍼 + 티셔츠 + 플라워 풀 스커트

보이시한 후드 집업 점퍼를 좀 더 여성스럽게 입는 방법은 바로 풍성한 실루엣의 풀 스커트와 입는 것. 플라워 패턴을 선택하면 보다 여성스럽다.

style **03**

후드 집업 점퍼 + 슬리브리스 원피스

후드 집업 점퍼를 핑크 컬러의 슬리브리스 원피스와 입는다면 무심한 듯 사랑스러운 러블리 룩이 된다. 일상복으로 즐겨 입기 좋다.

style **04**

후드 집업 점퍼 + 베스트 + 레깅스

후드 집업 점퍼 위에 카키 컬러 베스트를 입으면 시크한 분위기를 연출할 수 있다. 하의는 스키니한 화이트 레깅스를 입어 가벼운 느낌을 살린다.

09.

라운드 네크라인 카디건

남녀노소를 불문하고 꼭 가지고 있어야 할 아이템이 바로 카디건이다. 카디건은 보통 간절기 아우터로 자주 입는데 어떤 이너웨어 혹은 하의를 입어도 두루두루 잘 어울려 기특하다. 포멀한 아이템이지만 어떻게 포인트 요소를 잘 활용하느냐에 따라 지루하지 않는 멋진 룩을 연출할 수 있다.

"여름철 에어컨, 겨울철 코트 속에도 꼭 필요한 아이템이죠.
계절과 상관없이 카디건을 요긴하게 입으려면
적당한 두께와 베이식한 디자인으로 고르세요"

style **01**

라운드 네크라인 카디건 + 블라우스 + 9부 팬츠
밋밋할 수 있는 카디건을 시크하게 연출하는 아이디어는 트렌디한 패턴의 아이템과 믹스하는 것. 호피무늬와 컬러풀한 팬츠가 그 정답이다.

style **02**

라운드 네크라인 카디건 + 티셔츠 + 스팽글 스커트
딱딱한 정장 패션이 지루해졌다면 로맨틱한 의상에 도전해 볼 것. 프린트 티셔츠와 스팽글 스커트에 얌전한 카디건이라면 분위기 변신이 가능하다.

style **03**

라운드 네크라인 카디건 + 톱 + 스키니 팬츠
카디건과 스키니 팬츠는 편안하고 무난한 데일리 스타일링이다. 여기에 쁘띠 스카프로 포인트를 준다면 스타일링 업그레이드가 충분하다.

style **04**

라운드 네크라인 카디건 + 티셔츠 + 플리츠 스커트
평범하지만 여성스러운 분위기를 연출하기에 충분한 스타일링이다. 도트 패턴 스커트가 발랄해 보여 가벼운 데이트룩으로 강력 추천한다.

10.

풀오버 스웨터

추운 겨울 없어서는 안 될 아이템이 바로 풀오버 스웨터다. 특히 길이가 긴 스웨터는 따뜻하고 편안하게 입을 수 있어 겨울철 더욱 요긴하다. 또한 레이어드하기도 좋은 아이템이라 약간의 스타일링 센스를 더한다면 다양하게 입을 수 있다.

"제가 주부가 되고 나서 더욱 사랑하게 된 의상이
바로 풀오버 스웨터예요. 레깅스에 하나만 입어도
예쁘고 편해서 스타일링 걱정을 덜어 주거든요"

style **01**

풀오버 스웨터 + 플라워 패턴 스커트

풀오버 스웨터에 플라워 패턴 스커트를 매치하면 귀여운 느낌을 줄 수 있다. 스웨터에 살짝 나오는 정도의 짧은 길이의 스커트를 고른다.

style **02**

풀오버 스웨터 + 화이트 셔츠 + 스트레이트 팬츠

풀오버 스웨터와 화이트 셔츠를 레이어드하고 스트레이트 팬츠를 하의로 선택하면 격식을 갖추면서도 이지적인 느낌을 준다.

style **03**

풀오버 스웨터 + 원피스

내추럴한 워싱의 원피스를 매치하면 전체적으로 편안하면서도 여성스러운 느낌을 주는 스타일링이 된다. 스키니한 벨트를 더하면 날씬해 보인다.

style **04**

풀오버 스웨터 + 베스트 + 레깅스

풀오버 스웨터에 야상 베스트를 덧입으면 발랄하고 시크한 캐주얼룩이 된다. 여기에 탄력 있는 컬러 레깅스로 활동성을 더한다.

11.
블랙 베스트

레이어드룩을 좋아하는 이들이라면 블랙 베스트의 활용도는 더욱 높아진다.

정장 분위기가 나는 의상이지만 짧은 길이의 베스트는 캐주얼한 하의와도 곧잘 어울려 간절기 스타일링의 고민을 덜어 줄 든든한 지원군이다.

"여성스럽고 귀여운 아이템을 좋아해
블랙 베스트와 자주 활용해요. 블랙 재킷보다는 좀 더 트렌디하면서도
매니시룩을 연출하고 싶을 때 아주 요긴하게 입을 수 있어요"

style **01**

블랙 베스트 + 프린트 티셔츠 + 배기팬츠

프린트 티셔츠에 저지 소재의 배기팬츠는 집에서만 입을 수 있는 코디네이션이다. 블랙 베스트 하나만 걸치면 외출이 가능한 의상으로 변신한다.

style **02**

블랙 베스트 + 스트라이프 티셔츠 + 스팽글 스커트

블랙 스트라이프 티셔츠와 블랙 베스트의 매치가 기본이라면 스팽글 스커트는 베이식한 스타일에 에지를 더해 스타일을 근사하게 만들어 준다.

style **03**

블랙 베스트 + 컬러 니트 + 시폰 스커트

블랙 베스트에 컬러풀한 니트와 플라워 패턴의 시폰 스커트를 매치하면 경쾌하고 귀여운 분위기가 폴폴 풍기는 캐주얼룩이 연출된다.

style **04**

블랙 베스트 + 시폰 블라우스 + 블랙 배기팬츠

깔끔한 차이니즈 칼라의 시폰 소재 블라우스와 베스트를 겹쳐 입고 블랙 배기팬츠를 매치했다. 오피스룩으로 적당한 심플한 스타일링.

12.

슬리브리스 원피스

슬리브리스 원피스는 의외로 활용도가 높다. 여름철 하나만 입으면 시원해 보이고 예쁘지만 간절기 롱 슬리브리스 티셔츠와 레이어드해도 더없이 러블리한 의상으로 변신할 수 있는 시즌리스 아이템이다.

"레이어드룩을 즐겨 입는다면 꼭 갖고 있어야 할 아이템이 바로 슬리브리스 원피스예요. 전 약간 짧은 미니 길이의 슬리브리스 원피스를 롱 티셔츠처럼 레깅스에도 즐겨 입는답니다"

style **01**

슬리브리스 원피스 + 풀오버 스웨터

슬리브리스 원피스와 풀오버 스웨터를 레이어드하고 빈티지한 목걸이를 포인트로 매치하면 사랑스러운 캐주얼룩을 연출할 수 있다.

style **02**

슬리브리스 원피스 + 셔츠 + 카디건

깔끔한 기본 셔츠와 원피스를 매치해 단정한 느낌을 주었다. 여기에 핑크 컬러의 심플한 디자인의 카디건로 포인트를 주면 화사한 인상을 심어 준다.

style **03**

슬리브리스 원피스 + 야상 점퍼 + 화이트 레깅스

여성스러운 원피스와 화이트 레깅스를 매치하고 야상 점퍼를 툭 걸쳐 주면 꾸미지 않은 듯 시크한 프렌치 스타일링이 완성된다.

style **04**

슬리브리스 원피스 + 모노톤 티셔츠 + 데님 재킷

모노톤 티셔츠와 원피스를 레이어드해 귀엽다. 아우터로 쇼트 데님 재킷을 선택하면 발랄하면서도 어려 보이는 캐주얼룩을 연출할 수 있다.

13.
레이스 원피스

몇 년 전부터 레이스 소재가 인기를 끌면서 레이스 원피스는 이제 러블리한 의상을 사랑하는 여자들의 필수 아이템이 되었다. 레이스는 패턴의 크기나 모양에 따라서 분위기가 다르므로 패턴을 잘 골라야 한다. 또한 어떤 아이템을 매치하느냐에 따라 요조숙녀가 되기도, 또한 펑키 걸이 될 수도 있다.

"제 옷장에는 블랙과 화이트 레이스 원피스가 두 벌 있어요.
블랙 스타일링을 해야 하지만 너무 밋밋한 느낌이 싫을 때는 블랙 레이스 원피스를,
여성스럽고 화사해 보이고 싶을 때는 화이트 레이스 원피스를 입죠"

style **01**

레이스 원피스 + 후드 집업 점퍼

여성스러운 레이스 원피스에 캐주얼한 후드 집업 점퍼를 아우터로 매치하면 레이스 원피스를 부담스럽지 않은 데일리룩으로도 활용할 수 있다.

style **02**

레이스 원피스 + 카디건 + 레깅스

크림색 카디건과 와인색 레깅스에 머플러로 포인트를 주면 가벼운 외출을 위한 스타일링이 완성된다. 전체적으로 톤을 맞추었다.

style **03**

레이스 원피스 + 데님 셔츠 + 플리츠 롱스커트

데님 셔츠와 레이어드하면 복고적인 느낌의 레트로 스타일을 연출할 수 있다. 여기에 롱스커트를 겹쳐 입으면 더욱 세련되어 보인다.

style **04**

레이스 원피스 + 가죽 재킷

여성스러운 레이스 원피스에 강렬한 느낌의 블랙 가죽 재킷을 매치하면 펑키하면서도 섹시한 분위기를 낼 수 있다.

14.

플레어스커트

플레어스커트는 바이어스 재단으로 자연스럽게 퍼지는 실루엣을 가진 우아한 아이템이다. 허리는 잘록하게 만들어 주고 아래로 내려갈수록 볼륨 있는 라인으로 퍼져 몸매를 더욱 아름답게 연출해 주어 매력적이다.

"여러 벌의 플레어스커트를 소장하고 있지만 가장 활용도가 높은 것은 바로 블랙 컬러입니다. 캐주얼한 아이템은 물론 정장룩에도 잘 어울리기 때문이죠"

style **01**

플레어스커트 + 아노락 + 프린트 티셔츠

박시한 라인의 아우터와 캐주얼한 프린트 티셔츠는 편안한 옷차림이다. 플레어스커트를 매치해 걸리시한 스타일링을 완성했다.

style **02**

플레어스커트 + 스트라이프 재킷 + 화이트 티셔츠

블랙 스트라이프 패턴 재킷의 단정함과 블랙 플레어스커트의 여성스러움을 조화롭게 매치했다. 세련된 느낌의 오피스룩이 연출되었다.

style **03**

플레어스커트 + 블루 셔츠 + 아가일 체크 베스트

지적인 분위기를 연출하는 블루 컬러 셔츠와 아가일 체크의 니트 베스트에 플레어스커트를 매치한 프레피룩 스타일링.

style **04**

플레어스커트 + 풀오버 스웨터

플레어스커트를 가장 무난하게 연출한 스타일. 풀오버 스웨터에 스키니 벨트와 호피 무늬의 머플러로 포인트를 주어 밋밋함을 보완했다.

15.

펜슬스커트

펜슬스커트는 일자형으로 무릎까지 내려오면서 아래로 갈수록 밑단 둘레가 좁아져 섹시함을 드러내기 좋은 아이템이다. 깔끔한 실루엣으로 주로 커리어 우먼들이 공식적인 의상으로 활용하기 좋다.

"단정한 옷차림을 고수해야 하는 커리어 우먼의 필수 아이템인 펜슬스커트. 펜슬스커트는 꼭 자신의 허리에 딱 맞게 입어야 날씬하게 연출할 수 있어요"

style **01**

펜슬스커트 + 브이 네크라인 니트

깔끔한 브이 네크라인 니트에 펜슬스커트를 매치한 뒤 벨트로 포인트를 주어 단정하고 여성스러운 분위기를 살렸다.

style **02**

펜슬스커트 + 블라우스 + 블랙 베스트

펜슬스커트에 블라우스와 베스트를 레이어드해서 미니멀하면서도 애써 꾸미지 않은 듯한 오피스 스타일링을 연출했다.

style **03**

펜슬스커트 + 와인 톱 + 라운드 카디건

기본 카디건과 펜슬스커트의 매치. 여기에 호피 무늬 머플러를 포인트로 선택해 성숙한 여성미를 풍긴다.

style **04**

펜슬스커트 + 스트라이프 티셔츠 + 야상 점퍼

고전적인 펜슬스커트를 세련되게 연출하는 방법. 캐주얼한 스트라이프 티셔츠와 유행 아이템인 야상 점퍼를 매치하면 빈티지풍 스타일링이 완성된다.

16.
플라워 패턴 스커트

화려한 플라워 패턴은 스타일링 하기가 쉽지만은 않다. 플라워 스커트의 스타일링 키포인트는 패턴 아이템을 지나치게 섞어 입어서는 안 된다는 것. 이 원칙을 지키면서 컬러 배합만 잘 한다면 플라워 스커트는 당신을 멋쟁이로 만들어 줄 것이다.

"플라워 패턴의 스커트는 그 하나만으로도 포인트가 되어 기본 스타일의 상의와 매치해도 예쁘죠. 저는 무릎 위로 살짝 올라간 길이를 선택해 롱 셔츠나 롱 스웨터와 자주 매치해요"

style **01**

플라워 스커트 + 롱 카디건 + 슬리브리스 톱

박시한 롱 카디건과 슬리브리스 톱을 레이어드하고 여기에 플라워 스커트를 매치하면 편안하면서도 시크한 스타일링이 가능하다.

style **02**

플라워 스커트 + 가죽 재킷 + 터틀넥 스웨터

플라워 스커트와 블랙 가죽 재킷의 매치는 유난스럽지 않으면서도 스타일리시한 스타일로 연출해 준다. 여기에 부츠를 신으면 예쁘다.

style **03**

플라워 스커트 + 플랫칼라 스웨터

플랫칼라가 귀여운 니트를 플라워 스커트에 매치해 전형적인 큐트룩을 연출했다. 단정하면서도 나이가 어려 보이는 효과가 있다.

style **04**

플라워 스커트 + 롱 셔츠

플라워 패턴의 스커트와 카키 컬러의 롱 셔츠를 매치해 차분한 느낌을 준다. 여기에 스키니 벨트를 더해 자유로운 보헤미안룩이 완성되었다.

17.

스트레이트 팬츠

디자인이 예쁜 스트레이트 팬츠 한 벌이면 매일 아침 '뭘 입어야 하나' 라는 고민이 반쯤은 사라진다. 티셔츠와 입으면 프렌치 시크룩으로, 딱 떨어지는 블랙 재킷과 입으면 매니시한 정장룩을 연출하기 좋다.

"스트레이트 팬츠는 어디에나 잘 어울려서 제가 즐겨 입는 아이템이죠. 블랙 컬러를 기본으로 톤 다운된 그린이나 와인, 혹은 블루 등의 컬러 스트레이트 팬츠는 좀 더 감각적으로 보인답니다"

style **01**

스트레이트 팬츠 + 롱 베스트 + 스트라이프 티셔츠

스트라이프 티셔츠와 롱 베스트를 레이어드한 뒤 여기에 스트레이트 팬츠를 매치해 보자. 언제 어디에서나 어울릴 수 있는 실용적인 스타일링이 된다.

style **02**

스트레이트 팬츠 + 카디건 + 스웨터

심플한 팬츠에 소재감이 느껴지는 스웨터와 카디건을 코디했다. 빈티지한 목걸이로 포인트를 주면 보다 스타일리시해진다.

style **03**

스트레이트 팬츠 + 데님 셔츠 + 트렌치코트

트렌치코트와 스트레이트 팬츠는 전형적인 정장 아이템이다. 기본적인 의상에 데님 셔츠를 더해 캐주얼한 분위기를 가미하면 세련된 느낌을 준다.

style **04**

스트레이트 팬츠 + 화이트 롱 셔츠

화이트 롱 셔츠와 스트레이트 팬츠의 매치로 심플하면서 편안함이 돋보이는 스타일링을 완성했다. 컬러풀한 머플러를 더해 강렬한 포인트를 주었다.

18.

화이트
쇼트 팬츠

여름철 시원하면서도 스타일리시하게 입을 수 있는 아이템이다. 상의를 돋보이게 할 뿐 아니라 스트라이프 티셔츠와 입으면 멋진 리조트룩으로, 셔츠와 입으면 매니시룩으로 변신이 가능하다.

"화이트 쇼트 팬츠는 너무 타이트한
디자인보다는 루즈한 핏의 디자인으로 골라야
다리가 더 날씬해 보여요"

style **01**

화이트 쇼트 팬츠 + 핑크 카디건 + 프린트 톱

베이식한 화이트 쇼트 팬츠에 프린트 톱과 핑크 컬러의 카디건을 매치해 여성스러움을 가미한 스타일링법이다.

style **02**

화이트 쇼트 팬츠 + 후드 집업 점퍼 + 컬러 톱

후드 집업 점퍼와 와인 컬러 톱을 레이어드하고 여기에 화이트 쇼트 팬츠를 더해 편안하면서도 스타일리시한 룩을 만들었다.

style **03**

화이트 쇼트 팬츠 + 데님 재킷 + 란제리 톱 + 슬리브리스 톱

화이트 쇼트 팬츠에 데님 재킷과 란제리 톱을 함께 입어 캐주얼하면서도 섹시한 분위기를 연출했다.

style **04**

화이트 쇼트 팬츠 + 슬리브리스 블라우스 + 블랙 베스트

슬리브리스 블라우스와 화이트 쇼트 팬츠에 블랙 베스트를 매치해서 모던한 분위기의 스타일을 완성했다.

19.

데님 팬츠

캐주얼룩의 대표 주자인 데님 팬츠는 이제 정장 재킷과도 꽤나 잘 어울리는 기특한 아이템이 되었다. 진짜 멋진 스타일링은 바로 믹스 매치에서 나온다는 것을 여실히 보여 주는 아이템이다.

"부츠컷, 스키니 등 데님 팬츠의 종류는 다양하지만 제일 유용하게 입을 수 있는 것이 바로 일자형 데님 팬츠예요. 유행을 타지 않으면서 키는 커 보이고 허벅지는 날씬하게 연출해 주기 때문이죠"

style **01**

데님 팬츠 + 호피 무늬 셔츠 + 화이트 카디건

호피 프린트의 셔츠와 화이트 카디건을 데님 팬츠와 매치했다. 캐주얼한 데님 팬츠를 고급스럽게 연출할 수 있는 방법이다.

style **02**

데님 팬츠 + 컬러 톱 + 화이트 블라우스

와인 컬러 톱에 화이트 블라우스를 카디건처럼 오픈해 입고 여기에 데님 팬츠를 매치해 꾸미지 않은 듯한 세련된 캐주얼룩을 완성했다.

style **03**

데님 팬츠 + 블랙 레이스 셔츠 + 블랙 베스트

레이스 셔츠와 베스트의 조합은 평범한 데님 팬츠를 보다 멋지게 연출해 준다. 캐주얼한 하의와 톤 온 톤 매치로 매니시한 느낌을 살렸다.

style **04**

데님 팬츠 + 리본 블라우스 + 트위드 재킷

얌전한 리본 디테일의 블라우스와 트위드 재킷에 롤업 스타일로 연출한 데님 팬츠를 더해 시크하게 변형된 클래식룩을 완성했다.

20.
플레이슈트

상하의가 붙어 있는 스타일의 플레이슈트는 스타일링 고민을 덜어 주어 바쁜 이들에게 인기 만점이다. 한번 입게 되면 편안하고 시크한 매력에 누구나 빠지게 된다. 실루엣이나 디테일에 변형을 주어 디자인이 다양한데 블라우스는 물론 블루종 등과 연출하면 또 다른 표현이 가능하다.

"플레이슈트는 아이와 함께 외출할 때 아주 유용하게 입는 아이템이랍니다.
티셔츠에 하나만 입어도 스타일리시해 보이는 것은 물론 움직임도 자유로워
두 마리의 토끼를 잡을 수 있어요"

style **01**

플레이슈트 + 스트라이프 티셔츠

스트라이프 티셔츠와 플레이슈트의 만남은 발랄한 분위기를 연출해 준다. 움직임도 편해 놀이동산으로 놀러 갈 때 최상의 스타일링이 될 것이다.

style **02**

플레이슈트 + 컬러 셔츠

셔츠는 목 끝까지 단추를 채우고 플레이슈트의 단추는 풀어 단정하면서도 내추럴한 느낌을 주는 톰보이룩을 완성했다.

style **03**

플레이슈트 + 롱 카디건 + 화이트 톱

플레이슈트와 팔에 딱 달라붙는 화이트 톱, 그리고 그레이 컬러 롱 카디건의 만남은 가장 포멀한 연출법이다. 간절기에 활용해 보자.

style **04**

플레이슈트 + 모노톤 티셔츠 + 아노락

같은 톤의 플레이슈트와 티셔츠를 레이어드한 뒤 컬러풀한 아노락을 아우터로 선택하면 여행지에서 편안함은 물론 감각을 뽐낼 수 있는 의상이 완성된다.

Bonus 1

패션 피플의 스타일링 팁

디자이너, 스타일리스트 등 패션을 업으로 삼고 있는 사람들은 평상시 어떤 옷을 입고 다닐까? 트렌드를 앞서가는 그들이 이야기하는 자신만의 개성 있는 패션 스타일 공식을 공개한다.

박소원 (30세, 비주컴 크레이티브 파트너스 패션 홍보팀)

Fashion Style

"복장 규제가 없는 회사를 다니고 있어 제게 따로 특별한 오피스룩은 없어요. 평소 좋아하는 아이템을 믹스 매치합니다. 가장 좋아하는 스타일은 여성스러우면서도 빈티지한 옷들이에요. 이런 아이템들을 레이어드해서 입는 것을 좋아하는데, 프린트가 있는 미니 원피스에 길이가 짧은 니트를 겹쳐 입고 아우터는 트렌디한 디자인의 것을 매치해 전체적으로 스타일리시함을 살리는 것이 포인트죠. 여기에 빈티지 매장에서 구매한 팔찌나 반지 등을 착용해 스타일링을 마무리해요. 스트라이프 패턴의 셔츠나 팬츠같이 활동적이고 보이시한 아이템도 멋 부리지 않은 듯 은근히 세련되어 자주 입어요. 대신 톰보이 스타일로 연출할 때는 여성스러운 요소가 가미된 아이템을 반드시 믹스해 주죠."

Shopping Secret

"바쁜 업무 탓에 쇼핑은 주로 인터넷 쇼핑몰이나 동대문 야시장을 이용해요. 옷을 구입하기 전에 제가 꼼꼼히 살펴보는 것은 바로 소재입니다. 소재가 저렴해 보이거나 세탁 후 금방 늘어날 것 같은 옷은 디자인이 아무리 예뻐도 절대 구입하지 않습니다. 구두나 가방을 살 때도 제가 갖고 있는 옷에 잘 어울릴 수 있는 것인지를 몇 번이고 생각하면서 구입을 결정해요. 때문에 무난한 블랙, 브라운, 베이지 컬러를 고를 때가 많아요. 평소 높은 굽의 펌프스를 즐겨 신는데 굽이 높은 만큼 신었을 때 편안한지 체크하기 위해 반드시 오프라인 매장에서 직접 신어 보고 구입을 한답니다."

Coordination Knowhow

"같은 옷이라도 어떻게 연출하느냐에 따라 분위기가 달라지는 것 같아요. 예를 들어 셔츠와 청바지를 입을 때 청바지 안에 셔츠의 한쪽만 집어넣어 입는다거나 카디건의 단추를 언밸런스로 끼워 넣는 식으로 연출해요. 이런 스타일링 법은 잡지의 패션 화보나 외국 스트리트 패션북을 통해 얻어요. 자신만의 개성 있는 연출법을 몇 가지 알고 있으면 평범한 스타일링도 훨씬 패셔너블하게 바뀔 수 있답니다."

어디에나 매치하기 좋은 베이지 컬러의 스트랩 펌프스는 오즈세컨에서 20만 원대에 구입한 것.

블링블링한 빅 사이즈 크리스털의 반지와 블랙 로즈 반지는 홍대 앞 빈티지 매장에서 1만 원에 구입한 것.

빈티지한 의상과 매치하기 좋은 레트로 스타일의 가방은 오즈세컨에서 30만 원대에 구입한 것.

별 장식이 가득한 팔찌는 동대문 빈티지 매장에서 1만 원에 구입한 것.

호피 무늬와 플라워 패턴이 팔찌만큼 예쁜 스트랩 시계는 폴 스미스에서 각각 30만 원 대에 구입한 것.

오지현 (33세, 패션 스타일리스트)

Fashion Style

"직업 특성상 외부 활동이 많은 편이라 무엇보다 움직임이 편안한 스타일링을 하려고 노력해요. 그래서 대부분 면이나 니트 등의 신축성이 좋은 옷을 입어요. 제가 즐겨 입는 아이템은 와이드 팬츠나 펜슬스커트 같은 심플한 것으로, 기본 아이템을 활용해서 편안함을 추구합니다. 평소 일을 할 때는 굽이 낮은 스니커즈나 로퍼를 즐겨 신지만 특별한 일이 있을 때는 꼭 하이힐을 신어요. 제 신발장에는 중간 굽은 아예 없어요. 일할 때는 무조건 편한 플랫 슈즈, 일을 안 할 때는 각선미를 살릴 수 있는 하이힐로 감각을 뽐내죠. 액세서리는 존재감이 있는 볼드한 것을 즐겨 매치해요. 빈티지한 목걸이나 굵은 체인의 팔찌, 혹은 시계 등을 한두 개 정도 착용해 포인트를 준답니다."

Shopping Secret

"다른 이들보다 먼저 신상품을 볼 수 있는 기회가 많아 촬영 중 맘에 드는 아이템이 있으면 해당 매장에 가서 바로 구입하는 편이에요. 하지만 이런 경우는 생각보다 많지는 않아요. 대신 한 시즌 먼저 아울렛에 가서 미리 쇼핑을 해요. 예를 들어 겨울 코트는 가을쯤 아울렛 매장에서 미리 구입을 해요. 겨울 코트는 좀 비싼 편이라 이렇게 미리 구입을 해두면 훨씬 저렴한 가격에 더욱 예쁜 제품을 구입할 수 있거든요. 시즌이 끝날 때쯤 스파SPA브랜드에서 세일 제품을 샀다가 다음 시즌에 입는 편이죠. 액세서리 같은 경우는 빈티지 숍을 이용해요. 평범한 옷을 입더라도 액세서리를 유니크한 것으로 매치하면 패션 감각을 뽐낼 수 있죠."

Coordination Knowhow

"스타일링할 때 하나만 포인트를 주는 것이 제 노하우예요. 베이식한 아이템을 입을 때 머리끝에서 발끝까지 기본적인 아이템으로 스타일링하는 것이 아니라 하나의 아이템은 꼭 포인트가 되는 것을 선택하지요. 예를 들어 평범한 치노 팬츠에 시퀸 장식의 티셔츠를 입는 식이죠. 또한 소재를 다양하게 믹스해서 세련되고 자신감 넘치는 패션을 선보여요. 부담스러워서 하지 않았던 아이템이나 전혀 어울릴 것 같지 않다고 생각했던 아이템을 용기를 갖고 도전해 보면 분명 전보다 훨씬 업그레이드 된 스타일을 연출할 수 있어요. 마지막으로 자신만의 시그니처 액세서리는 하나쯤 있으면 좋은 것 같아요. 시그니처 액세서리는 자신이 입는 모든 의상에 어울리는 아이템으로 정하는 거죠. 그 시그니처 액세서리가 어울리는 의상이라면 자신만의 스타일링이 되는 것이죠."

얌전한 스타일링도 트렌디하게 만들어 주는 글리터링 스트랩 샌들은 나무하나에서 30만 원대에 구입한 것.

심플한 디자인으로 어떤 의상과 매치해도 잘 어울려 활용도가 높은 실버 뱅글은 아가타에서 10만 원대에 구입한 것.

화이트 & 골드 컬러의 체인 팔찌는 외국 여행 중 마크바이마크제이콥스에서 15만 원에 구입한 것.

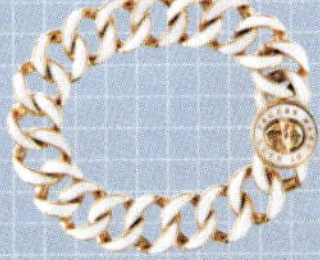

변형된 체인 디자인이 유니크한 목걸이는 제이미앤벨에서 20만 원대에 구입한 것.

컬러 하나만으로도 패션에 포인트가 되는 터키 블루 컬러의 클러치 백은 악세서라이즈에서 세일 기간 중 3만 원대에 구입한 것.

이현정 (35세, CJ O Shopping osca 사업팀 비주얼 디렉터)

Fashion Style

"출근할 때 즐겨 입는 옷은 원피스죠. 갖춰 입은 것 같은 분위기를 연출하면서도 단품으로도 충분히 멋을 낼 수 있기 때문이에요. 아무래도 아침시간 출근 준비로 바쁘다 보니 자연스럽게 원피스에 손이 가더라고요. 제가 오피스룩으로 애용하는 스타일은 블랙이나 화이트, 혹은 그레이 컬러의 심플한 원피스예요. 아무리 예뻐도 불편한 옷은 절대 입지 않아 몸에 딱 붙는 디자인보다 루즈한 핏의 원피스를 즐겨 입지요. 포인트를 주고 싶을 때는 원피스에 프린트가 있는 아이템을 레이어드해서 과하지 않게 변화를 주기도 해요. 이렇게 차분한 의상에 색조 메이크업과 네일에 화려한 컬러를 사용해 전체적인 스타일에 포인트를 줘요. 의상과 더불어 네일 컬러나 메이크업도 패션의 일부라고 생각하거든요. 액세서리 또한 작은 진주 귀걸이나 코르사주 없이 심플한 헤어밴드를 즐겨 해요."

Shopping Secret

"유행에 민감하기보다는 평소 좋아하는 스타일을 고수하는 편이라 좋아하는 브랜드 매장에서 대부분 쇼핑하는 편이에요. 또한 유니크한 아이템을 좋아해서 외국에 나갈 때마다 로컬 브랜드 매장이나 편집 매장을 들러 쇼핑하는 편이에요. 그리고 여행 중에 우리나라에 이미 들어와 있는 스파SPA 브랜드의 매장을 찾아 꼭 쇼핑을 해요. 그 이유는 같은 브랜드라도 나라마다 판매되는 옷들이 약간씩 다르기 때문이죠. 제가 홈쇼핑 회사에서 근무를 해서 종종 홈쇼핑에서 판매되는 패션 아이템도 구매를 하죠. 그중 디자이너와 협조해서 만든 제품은 디자이너의 감성이 들어가 있으면서 합리적인 가격이라 아주 매력적이랍니다. 백화점, 인터넷 쇼핑몰, 홈쇼핑 등 쇼핑을 할 수 있는 곳은 다양하지만 사실 어디서 쇼핑을 하느냐 보다 어떤 것을 사느냐가 더 중요하잖아요. 자주 손이 가는 아이템에는 과감히 투자하고 저렴하게 구입해도 될 것들은 동대문 시장 혹은 저가 브랜드를 이용해요."

Coordination Knowhow

"평소 패션 잡지를 보면서 나의 스타일을 찾는 습관이 평상시 옷을 입는데 큰 도움이 되죠. 옷을 잘 입든 못 입든 분명한 건 자신이 좋아하는 스타일이 누구에게나 있다는 것이죠. 본인이 좋아하는 스타일을 구체화시키고 자신의 몸에 맞는 의상을 적절히 결합해서 자신만의 개성을 찾는다면 멋진 스타일을 만들어 낼 수 있지 않을까요?"

리본 모양과 별 모양의 작은 귀고리는 홍대 로드 숍에서 1만 원에서 구입한 것.

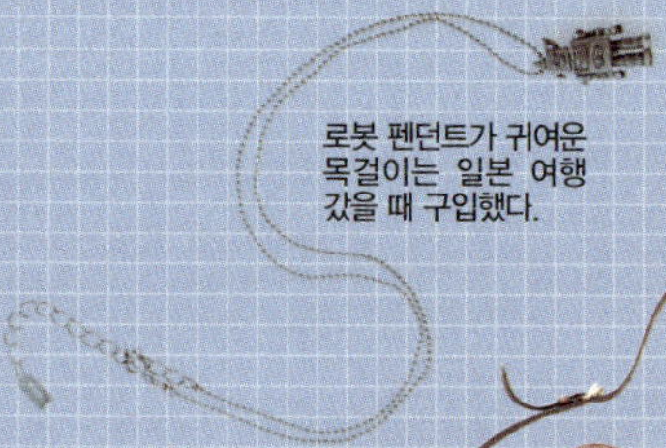

로봇 펜던트가 귀여운 목걸이는 일본 여행 갔을 때 구입했다.

장식 없이 컬러로만 포인트를 주는 심플한 디자인의 헤어밴드는 에이치앤엠에서 구입한 것.

스터드 장식으로 유니크해진 애쉬 스니커즈는 CJ O Shopping에서 35만~40만 원대에 구입한 것.

외부 활동이 많은 날 들고 다니는 토트백은 프라다 면세점에서 130만 원대 구입한 것.

강민채 (32세, 스파지오엠 디자이너)

Fashion Style

"평소 여성스러운 스타일의 패션을 좋아해서 니트 아이템으로 연출한 페미닌룩을 즐겨 입는 편이에요. 제 일상은 대학에서 강의를 하거나 회사에서 디자인 작업을 하는 시간이 대부분인데 니트 아이템은 편안해서 제 라이프스타일과도 잘 맞아떨어지죠. 정장과 캐주얼 모두 잘 어울리고요. 제가 추천하고 싶은 아이템은 바로 그레이 카디건이에요. 그레이 컬러 카디건은 모노톤 컬러는 물론 비비드 컬러에도 잘 어울려요. 여성스러운 분위기나 보이시한 분위기 모두 잘 어울리기 때문이죠. 니트 아이템을 활용해 심플룩을 연출하고 유니크한 액세서리로 포인트를 주어요. 핸드메이드 감성이 물씬 풍기는 정교한 액세서리는 나만의 매력을 더하기 좋아 애용한답니다."

Shopping Secret

"제가 즐겨 쇼핑하는 곳은 주로 편집 매장이에요. 편집 매장의 제품은 유니크한 아이템이 많아서 자주 들러요. 티셔츠나 팬츠 같은 기본 아이템은 주로 세일 기간에 쇼핑을 하죠. 기본 아이템은 트렌드에 민감하지 않으니 시즌 오프 때 미리 구입해 놓았다가 입어도 전혀 문제되지 않으니까요. 쇼핑을 할 때 무엇보다 소재를 중요하게 생각해요. 소재의 퀄리티도 고려하지만 되도록 여러 브랜드나 동대문 시장에서 자주 사용하는 소재는 피하고 독특한 소재를 선호하죠. 제가 즐겨 입는 아이템들이 거의 기본 디자인이라서 특히 소재를 살핀답니다. 디자인이 무난하더라도 소재가 독특하면 훨씬 멋지고 가치가 있어 보이거든요. 매일 들고 다니는 가방은 되도록 소재가 좋은 브랜드 제품으로 구입해요. 워낙 돌아다니는 일이 많고 소지품도 많아 튼튼한 가방이 필요하기 때문이죠. 대신 기분 전환으로 가끔씩 드는 컬러풀한 가방의 경우에는 디자이너 브랜드에서 나온 저렴한 것을 구입한답니다."

Coordination knowhow

"제가 가장 중요하게 생각하는 것은 T.P.O에 맞게 옷을 입었느냐 하는 것이에요. 예쁜 옷을 입었느냐 보다 상황과 장소에 맞게 옷을 입을 줄 아는 사람이 진정한 패셔니스타가 아닐까 해요. 그리고 요즘 스파SPA 브랜드의 인기가 엄청나죠. 하지만 대량생산되는 패스트 패션 아이템으로 머리끝부터 발끝까지 스타일링을 하는 것은 왠지 개성 없어 보이잖아요. 스파SPA 브랜드의 아이템을 입더라도 한 가지 아이템은 유니크한 아이템을 더해서 나만의 개성을 살리는 것이 중요합니다."

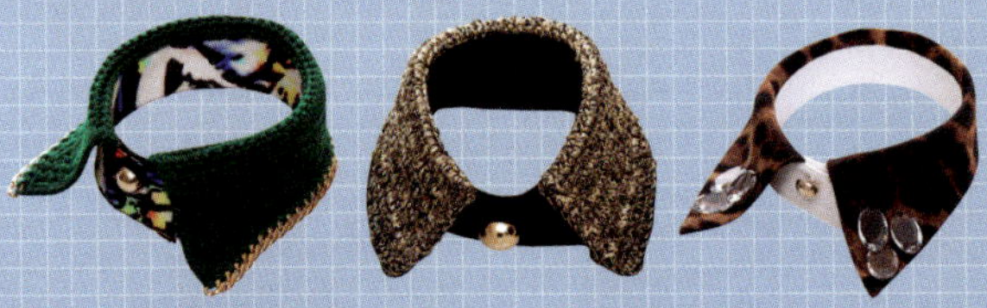

밋밋한 티셔츠나 스웨터에 확실한 포인트를 주는 칼라는 그녀가 디자인한 스파지오엠 제품으로 가격은 10~20만 원대.

체인과 털실을 믹스해 만든 팔찌는 모두 스파지오엠 제품으로 여러 개를 겹쳐 착용하면 더욱 예쁘다. 가격은 4~6만 원대.

Bonus 2

길에서 배우는 스타일링

누구나 한 번쯤 길을 걷다 "그 옷 어디서 샀어요?" 라고 물어보고 싶을 만큼 멋진 패션을 연출한 사람들을 만난 적이 있을 것이다. 옷 잘 입는 이들이 자주 출몰한다는 거리에서 만난 남다른 그녀들과의 패션 인터뷰.

이재은(33세, 회사원)

블랙 페도라와 보이프렌드 핏의 박시한 재킷, 내추럴한 치노 팬츠까지 멋진 매니시룩을 보여준 이재은 씨는 6살 아이를 가진 엄마라고 믿기 어려울 만큼 패셔너블하다. 그녀는 평소 편안한 의상을 즐기는 편인데 이때 트렌디한 소품을 1~2가지 정도 믹스 매치하는 것이 스타일링 노하우다.

김지연 (32세 학생)

카키 컬러 트렌치코트와 프린지 디테일의 개성 넘치는 원피스를 매치한 김지연 씨. 유니크한 원피스를 고른 것만 봐도 감각은 증명된 셈. 그녀의 스타일링 노하우는 많이 돌아다니면서 많이 보고 입는 것이란다. 원피스는 로드 숍에서, 빈티지한 토트백은 발렌시아에서 구입한 것.

강주일 (34세, 기자)

핫 핑크 컬러의 미니스커트, 스팽글 베레모로 톡톡 튀는 스타일을 보여 준 강주일 씨. 아담한 키의 그녀가 롱 다리로 보일 수 있었던 비밀 병기는 바로 스킨 컬러의 플랫폼 슈즈. 의상 또한 스키니한 아이템으로 좀 더 날씬한 몸매를 연출했다. 모자는 포에버21에서 1만 원대에, 스커트는 에이치앤엠에서 3만 원대에 구입했다.

박혜신 (34세, 교사)

오프 숄더의 스웨터에 셔링 디테일의 미니스커트로 페미닌룩을 연출한 박혜신 씨. 모노톤의 여성스러운 디테일의 아이템을 즐겨 입는다. 포멀한 모노톤의 옷차림에는 컬러풀하거나 디자인이 독특한 가방과 구두를 포인트로 함께 매치한다고. 그녀가 든 빅 백은 로드 숍에서, 구두는 페르쉐에서 5만 원대에 구입한 것.

이지현 (36세, 디자이너)

네이비 컬러의 단정한 재킷과 그레이 컬러의 니트를 레이어드해 캐주얼 정장룩을 입은 이지현 씨. 일할 때는 깔끔한 정장 스타일을 고수하지만 그녀만의 정장룩에는 늘 캐주얼한 아이템이 섞여 있다. 이유는 편안하기도 하지만 포멀한 정장 차림보다는 스타일리시해 보이기 때문이다.

박새은(34세, 주부)

상큼한 레몬 컬러의 가죽 재킷과 프릴 장식 톱을 입어 여성스러운 스타일링을 완성했다. 여기에 스네이크 패턴의 숄더백으로 트렌디함을 더한 박새은 씨. 날씬한 몸매의 비결은 평소 몸에 긴장감을 주는 슬림한 의상을 즐겨 입는 것이다. 재킷은 진태옥에서, 백은 루엘라에서 구입한 것.

이민수(39세, 회사원)

베이지 컬러를 톤 온 톤으로 연출한 이민수 씨의 패션 감각은 세련된 룩의 진수를 보여 준다. 그녀의 쇼핑 철칙은 두고두고 입어도 질리지 않는 기본 아이템과 자신이 가진 어떤 옷과도 매치되는 비슷한 컬러를 구입하는 것이다. 플랫 슈즈 마니아인 그녀가 오늘 선택한 슈즈는 외국 출장 때 지미추에서 구입한 것.

차영서(36세, 주부)

빅 사이즈의 야상 점퍼, 이국적인 액세서리, 그리고 가지런히 땋은 헤어스타일로 보헤미안룩을 연출한 그녀. 빈티지룩을 개성 있게 완성한 그녀의 스타일 팁은 바로 벼룩시장에서 건진 유니크한 아이템과 오랫동안 입을 수 있는 명품 아이템을 믹스하는 것. 점퍼는 광장시장에서 7만 원, 귀여운 스니커즈는 파리 여행 시 벤시몽에서 1백 유로에 구입한 것.

강미진(32세, 편집 디자이너)

모직 소재의 블레이저와 가죽 소재의 미니스커트를 결합한 센스를 뽐냈다. 프레피룩을 좀 더 단정한 느낌으로 연출한 그녀는 흔한 디자인보다는 유니크한 아이템을 좋아해 국내 잘 알려지지 않은 브랜드의 옷을 구매 대행으로 구입하거나 신진 디자이너의 매장을 쇼핑 장소로 이용한다.

이정원(38세, 주부)

두 아이를 둔 엄마인 이정원 씨가 즐겨 입는 스타일은 깔끔하고 심플한 캐주얼 아이템을 레이어드하는 것. 평소 메이크업을 거의 하고 다니지 않는 대신 선글라스나 귀고리 같은 액세서리를 꼭 착용해 밋밋함을 없앤다.

김도연(25세, 학생)

미니멀한 디자인의 블랙 원피스와 재킷을 입은 김도연 씨. 그녀가 한눈에 확 들어온 것은 바로 상큼한 오렌지 컬러 때문이었다. 평소 클래식한 아이템을 좋아해 디자인이 특이한 옷은 거의 없지만 이런 미니멀룩에 포인트를 주기 위해 비비드 컬러 아이템을 한가지씩은 꼭 믹스 매치한다. 오렌지 컬러 재킷은 보티첼리, 스카프는 코치 아울렛에서 4~5만 원대에 구입한 것.

이미영(24세, 학생)

훤칠한 키에 날씬한 각선미를 가진 그녀는 블랙 재킷과 멀티플 컬러의 스트라이프 스커트로 자신의 몸매를 더욱 빛나게 하는 패션 스타일을 연출했다. 즐겨 쇼핑하는 곳은 홍대나 가로수길의 로드 숍. 모노톤의 스타일링에 포인트를 주는 옐로 컬러 클러치 백은 로드 숍에서 4만 원에 구입한 것.

이정은(24세, 학생)

롤업한 스키니진에 박시한 블루 코트를 입은 이정은 씨는 평소 빈티지 마니아다. 빈티지 아이템을 좋아하는 이유는 바로 유니크한 매력 때문이라고. 그래서 동묘 앞이나 명동의 빈티지 숍들이 그녀의 쇼핑 아지트다. 스타일링 또한 보색 대비로 톡톡 튀는 컬러 매치를 즐겨 한다.

이상아(24세, 학생)

현재 패션 디자인을 공부하고 있는 학생답게 호피 무늬 재킷과 롱 스커트로 멋진 스타일을 연출한 그녀. 평소 호피 무늬를 워낙 좋아하는 까닭에 모노톤의 아이템을 입은 뒤 호피 의상이나 소품으로 포인트를 준다. 호피 무늬의 매력은 특별히 꾸미지 않아도 멋지고 세련되어 보이는 것이라고 말한다.

배지은(34세, 주부)

자칫 촌스러워 보일 수 있는 데님 재킷을 멋지게 연출한 배지은 씨. 깊은 브이 네크라인의 원피스와 화이트 티셔츠를 레이어드 했다. 아이가 있어 주로 면 소재의 아이템을 입는다는 그녀의 스타일링 노하우는 베이식한 아이템을 레이어드 해서 입는 것이다.

박소영(36세, 컬러리스트)

모던한 블랙 블레이저와 샤 스커트를 믹스해 캐주얼룩을 여성스럽게 연출한 박소영 씨. 그녀의 스타일 중 눈에 띄는 것은 단연 카디건으로 머플러를 대신한 스타일링. 여기에 뱀피 소재의 빅 숄더백과 화이트 옥스퍼드를 매치한 센스가 돋보인다. 숄더백은 인터넷 쇼핑몰에서 8만 원에 구입한 것.

Part **3**

싫증난 옷, 리폼으로 업그레이드하기

Remaking Clothes

몇 해 전 새로 산 팬츠를 입고 실을 정리하려고 가위질을 하던 중
돌이킬 수 없는 실수를 저지르게 되었다. 바로 실과 팬츠를 잘라 버린 것.
그 어처구니없는 실수를 무마해볼까 고민하다가 생각해낸 것이 바로 리폼이다.
이렇게 시작된 나의 리폼 라이프는 유행이 지나 촌스러워진 데님 재킷, 얼룩이 묻은
원피스에까지 그 힘을 발휘하기 시작했다. 급기야 6살 딸아이와의 커플 아이템을
만드는 데도 적극 활용되고 있다. 1인 공작소의 디자이너로 거듭나게 만든 리폼은
나만의 취향을 고스란히 담은 옷을 디자인할 수 있는 멋진 아이디어다. 빈티지한
멋과 스타일을 불어넣은 리폼 아이템과 스타일링 방법을 모두 모았다.

리폼을 위한 도구 및 재료

바느질에 익숙하지 않는 사람이라도 몇 가지 재료와 연장만 갖춘다면 얼마든지 리폼에 도전할 수 있다.

01. 막대자
원단이나 부재료로 쓰는 리본 등의 치수를 잴 때 사용한다. 30cm가 가장 요긴하게 쓰인다.

02. 공예용 본드
가죽이나 원단을 접착할 때 사용하는 본드로, 바른 뒤 30분 후면 단단하게 붙는다. 물세탁을 하지 않는 가죽 가방이나 모자, 구두 등을 리폼할 때 유용하다.

03. 가죽 골무
손바느질을 할 때 바늘로부터 손가락을 보호해 주는 도구이다. 바늘을 밀어 넣을 때 사용하기 좋다.

04. 실뜯개
바느질을 잘못해서 실을 뜯어내야 할 때 사용하는 도구로 원단 손상 없이 실밥을 제거할 수 있다.

05. 바늘
여러 가지 사이즈가 들어 있는 바늘 세트. 바늘에 따라 바늘귀 크기가 다르니 실의 굵기에 알맞은 것을 선택해 사용한다.

06. 시침핀
시침핀은 원단과 부자재를 옷에 임시로 고정할 때 사용한다.

07. 쪽 가위(퀼트용 가위)
바늘에 실을 꿰기 전 실을 자르거나 실밥을 정리할 때 사용한다. 작고 가벼워 원단을 작은 조각으로 재단할 때 활용해도 좋다.

08. 글루건
본드와 같은 접착제로 원단이나 금속 등 다양한 소재의 접착이 가능하다. 열로 글루 스틱을 녹여 접착하는 방법으로 사용 시 화상을 입지 않도록 소심해야 한다.

09. 핑킹 가위
일반 가위보다 원단의 올 풀림을 줄일 수 있는 가위. 지그재그 모양으로 잘려 원단 끝을 장식하고 싶을 때 유용하다. 원단 전용으로 사용해야 수명 단축을 막을 수 있다.

10. 재단 가위
원단을 자를 때 사용하는 가위로 원단 이외의 것을 자르면 날이 상하므로 원단 전용으로만 사용한다.

11. 초크
옷에 부자재나 단추를 달 때, 원단을 재단할 때 옷이나 원단에 표시를 하는 도구다. 어두운 원단에 기화펜으로 선을 그리면 잘 보이지 않으므로 어두운 컬러의 원단에는 초크를 사용한다.

12. 기화펜
원단에 바느질 선을 그리는 펜으로 그린 후 하루가 지나면 별도의 세탁 없이도 선이 저절로 지워진다. 펜 끝이 뭉뚝하지 않아 정교하게 그려야 할 때 사용하기 좋다.

13. 줄자
옷의 곡선 부분을 재거나 실제 사이즈를 재야 할 때 사용한다. 직선을 잴 때는 일반 막대자를 사용한다.

14. 라이터
리본을 재단 후 올 풀림을 방지하기 위한 열처리용으로 사용한다.

01
0-check design graphics
02
E-6000
Industrial Strength Adhesive
CAUTION
CLEAR
03
04
05
40 GOLD EYE NEEDLES
40
HIGH CARBON STEEL
ALL NICKEL PLATED
MADE IN JAPAN
06
07
08
09
10
11
12
13
14

01
02
03
04
05
06
07
08
09
10
11
12
13
14
10¢
TO PROVE
Munch,
Munch, Munch, Munch
Pleasure of life
ELROI.55 DEPT

***01.* 폼폼**
귀여운 분위기로 옷을 리폼하고 싶을 때 사용하기 좋은 재료이다. 질감이 폭신폭신하므로 바느질하기도 쉬워 초보자도 부담 없이 사용할 수 있다.

***02.* 단추**
아주 쉽고 간단하게 리폼 할 수 있는 단추는 장식용으로 이용하면 좋다. 요즘은 빈티지 단추가 유행이라 인터넷 쇼핑몰이나 시장에서 쉽게 구할 수 있다.

***03.* 진주**
특유의 고급스러운 분위기가 있어 블랙 혹은 화이트 컬러의 심플한 정장 아이템이나 트위드 소재에 잘 어울린다.

***04.* 스팽글과 비즈**
하나하나 달아야 하는 번거로움이 있지만 특유의 광택이 예뻐 옷을 화려하게 리폼할 때 사용하기 좋은 재료다.

***05.* 면 리본**
면 리본은 얇고 부드러워서 바느질하기가 쉬울 뿐 아니라 다양한 모양을 연출하기 좋은 재료다.

***06.* 리본**
리폼에는 다양한 종류의 리본을 활용할 수 있다. 은은한 광택으로 고급스러운 인견 리본과 골지 리본 등이 옷 리폼에 효과적이다.

***07.* 패턴 원단**
주머니나 러플 장식을 만들 때 사용하면 좋다. 주로 면 소재로 플라워, 스트라이프, 도트 등 다양한 패턴이 있어 색다른 리폼을 하기 쉽다.

***08.* 저지 원단**
신축성은 좋고 일반 면 소재보다 올이 잘 풀리지 않아 원단을 자른 뒤 그대로 사용하기 좋다. 자르면 자연스럽게 끝이 말려 아플리케 장식이나 프릴을 만들면 예쁘다.

***09.* 시폰**
올이 잘 풀리는 특성을 가지고 있어 자유분방한 느낌의 프릴 장식을 만들 때 좋다. 원단 자체가 캐주얼보다는 정장 아이템에 잘 어울리므로 재킷이나 정장 스타일의 스커트, 블라우스 등을 리폼 할 때 사용하기 좋다.

***10.* 와펜**
야상 점퍼나 심플한 티셔츠에 포인트를 주기 좋은 재료로 특별한 기술 없이 바느질로 고정한다.

***11.* 실**
옷에 원단이나 부자재를 고정하기 위해 홈질이나 박음질을 할 때 사용한다. 원단에 따라 실의 색을 선택해 사용한다.

***12.* 자수 실**
일반실에 비해 굵기가 굵다. 옷에 스티치 장식이나 자수를 놓을 때 사용하면 좋다.

***13.* 패브릭 스티커**
다리미로 다리면 패턴이 옷에 고정되는 패브릭 스티커는 싫증난 모노톤 컬러의 티셔츠를 리폼할 때 좋은 재료다.

***14.* 레이스**
로맨틱하고 우아한 옷을 만들기에 필수품인 레이스. 부자재를 파는 상점에 가면 정말 다양한 레이스를 판매하므로 리폼할 옷과 잘 어울리는 것을 선택하면 된다.

바느질 기본 테크닉

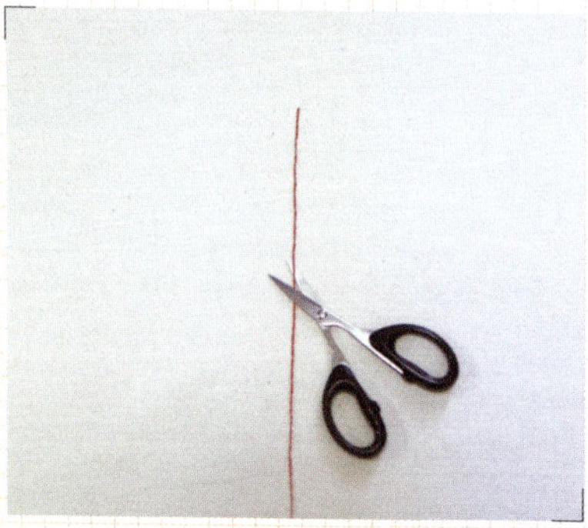

실 자르기
바늘귀에 실을 보다 쉽게 넣으려면 실 끝을 사선으로 자른 뒤 끼운다. 실을 자를 때는 쪽 가위나 퀼트용 가위를 사용한다.

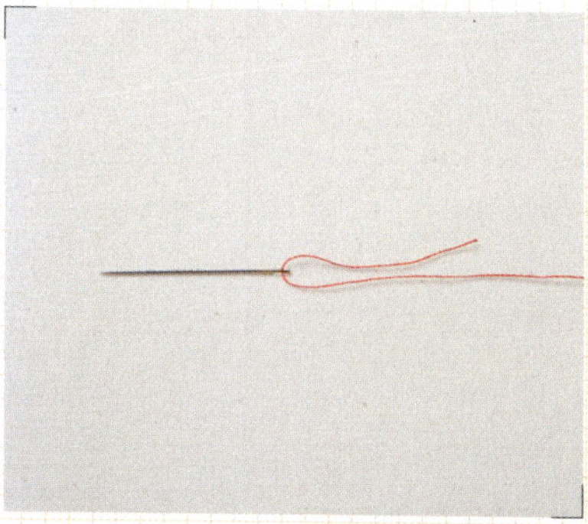

한 줄 꿰기
실 한쪽을 바늘귀에 넣고 한쪽 실만 길게 뺀 뒤 긴 쪽 실에 매듭을 짓는다. 굵은 실을 사용해 한 줄로 바느질할 때 사용하는 방법.

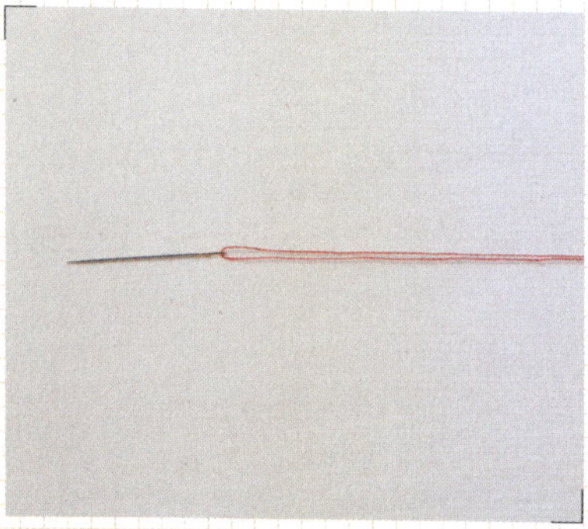

두 줄 꿰기
실을 바늘귀에 넣고 두 줄의 길이를 같게 한 뒤 함께 매듭을 짓는다. 자수 실로 스티치 장식을 하거나 튼튼하게 바느질해야 할 때 사용하는 방법.

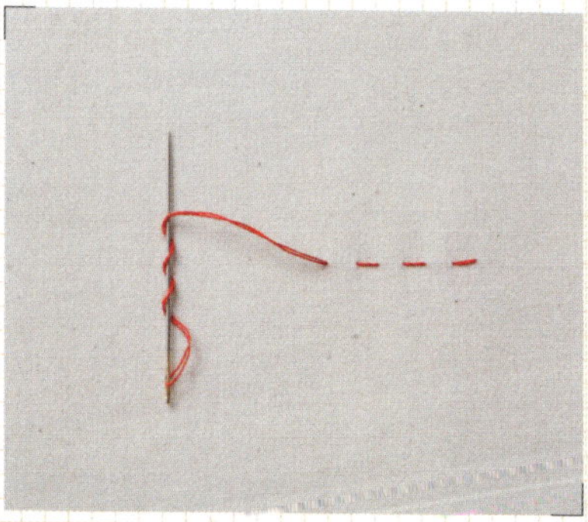

매듭짓기
바느질한 후 바늘땀이 풀리지 않도록 실을 매듭짓는 것이다. 바늘에 실을 2~3번 감은 후 왼쪽 엄지로 누르고 오른손으로 바늘을 위로 잡아당겨 빼내면 매듭을 지을 수 있다.

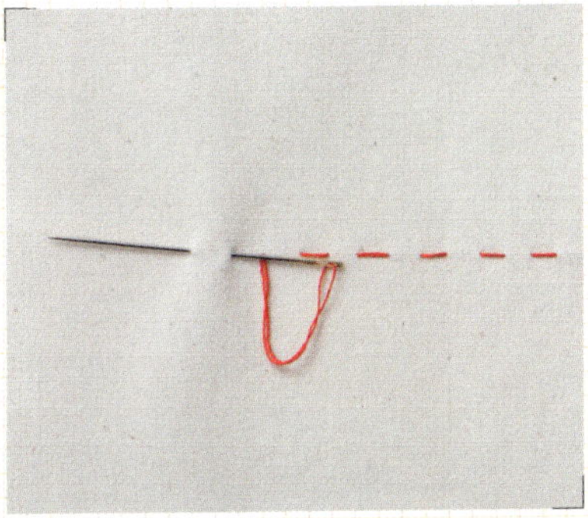

홈질
가장 기본적인 바느질법으로 원단의 뒷면에서 위쪽으로 바늘을 꽂아 앞으로 빼내어 다시 안쪽으로 꽂아 바느질한다. 보통 두 장 이상의 원단을 고정할 때 사용되며 규칙적인 간격으로 바느질해야 완성도를 높일 수 있다. 간격은 3~4m 정도가 알맞으며 스티치 장식을 할 때는 원단과 잘 어울리는 다른 컬러 실을 이용하면 더욱 멋스럽다.

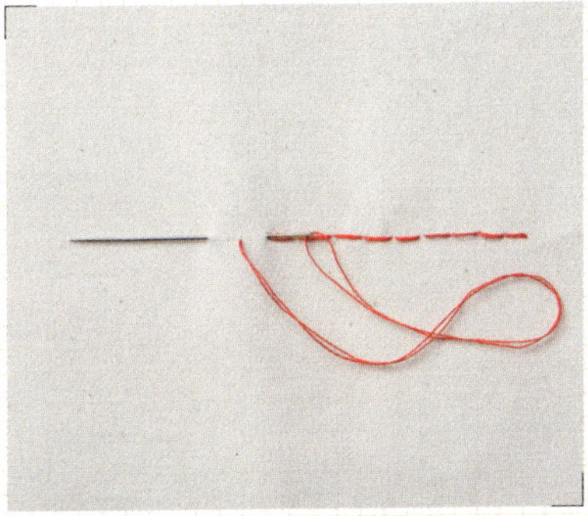

박음질
홈질보다 튼튼하게 바느질해야 할 때 사용하는 방법. 한 땀을 뜨고 난 후 다음 바늘땀의 길이가 같도록 한 땀씩 뒤로 빼서 다시 앞으로 바느질한다. 재봉틀과 같은 효과를 내는 손바느질로 바늘땀을 촘촘히 할수록 더욱 튼튼하다. 바느질을 할 때는 겹쳐지는 꼭 바느질 겉면 쪽에서 박음질해야 한다.

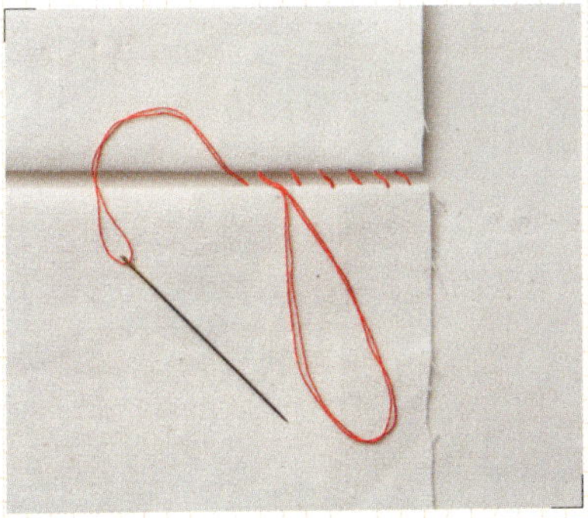

공그르기
감침질과 방법이 비슷한 바느질로 옷의 겉면에 바늘땀이 거의 보이지 않도록 바늘땀을 살짝만 떠서 원단 안쪽으로 바늘을 통과시키면 된다.

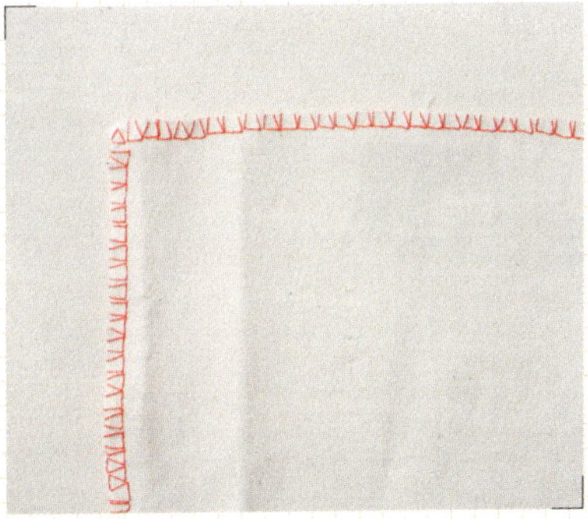

휘갑치기
원단을 재단한 부분의 올 풀림을 방지하기 위한 바느질법. 손바느질로는 무리가 있어 옷 수선집이나 세탁소를 이용하거나 재봉틀이 있는 경우 지그재그로 바느질되는 다이얼로 맞춘 뒤 재봉질하면 된다.

01. 롱 티셔츠

after **A**

빈티지 레이스 티셔츠

레이스 리본이나 모티브 레이스를 달아만 주어도 평범한 티셔츠가 로맨틱한 빈티지 스타일로 바뀐다.

before

레깅스에 하나만 매치해도 편안하게 입을 수 있는 롱 티셔츠. 엉덩이를 덮는 길이라서 짧은 티셔츠보다 활용도가 높다. 오래 입으면 지루해 보일 수 있으므로 리폼으로 새로운 멋을 살려 보자.

after **B**

러플 장식 원피스

롱 티셔츠를 색다르게 입고 싶다면 러플 장식의 미니 원피스로 만들어 볼 것. 러플의 폭에 따라 원피스의 길이를 조절할 수 있어 자신의 키에 맞게 선택해 단다.

coordination

style **A**

빈티지 스타일의 데일리룩

레이스 장식과 컬러를 맞추어 하의를 화이트 컬러의 레깅스로 매치하면 여성스러우면서 내추럴한 데일리 스타일링이 완성된다.

style **B**

소녀 느낌의 캐주얼룩

러플 장식의 미니 원피스에 넉넉한 사이즈의 그레이 컬러 카디건을 매치하면 평상시 입기 좋은 캐주얼한 스타일링이 완성된다.

after **A**

빈티지 레이스 티셔츠

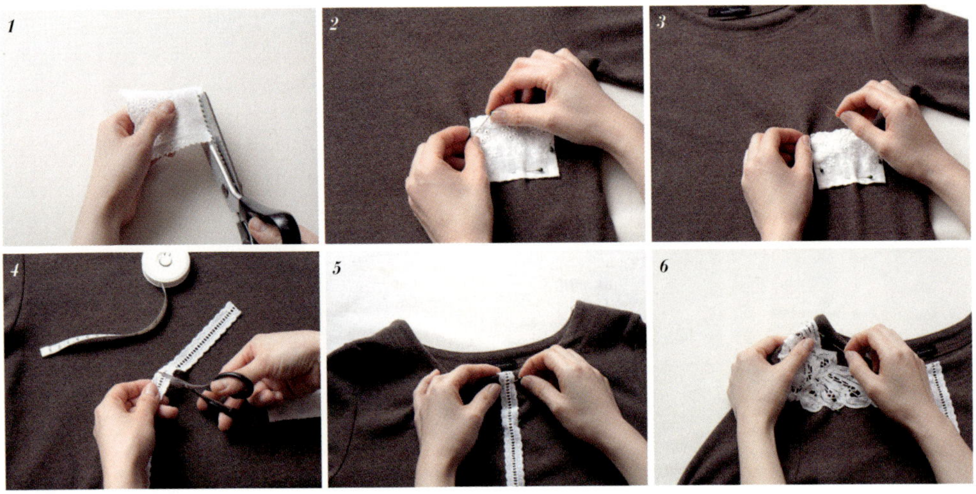

준비물

흰색 망사 레이스(폭 8.5cm 길이 7cm) 1개, 사다리 모양 토숀 레이스(폭 2cm) 적당량, 나비 모티브 레이스 1개
흰색 실, 바늘, 핑킹 가위, 가위, 줄자, 시침핀

만들기

1. 흰색 망사 레이스의 재단 부분인 3면을 핑킹 가위로 한 번 더 자른다.

2. ①의 자른 세 면은 각각 0.5cm씩 안쪽으로 시접을 접어 리폼할 티셔츠의 왼쪽 가슴 부분에 시침핀으로 고정한다.

3. ②를 0.3cm 정도로 촘촘히 박음질해 주머니를 만든다.

4. 리폼한 옷의 길이를 잰 후 그 길이보다 약 1cm 정도 더 길게 사다리 모양 토숀 레이스를 자른다.

5. ④를 티셔츠의 중앙에 올려놓고 양 끝을 0.5cm씩 안쪽으로 접은 후 시침핀으로 고정한 뒤 촘촘하게 박음질한다.

6. 나비 모티브 레이스를 오른쪽 어깨 부분에 시침핀으로 고정한 뒤 테두리 부분을 박음질해 완성한다.

after **B**

러플 장식 원피스

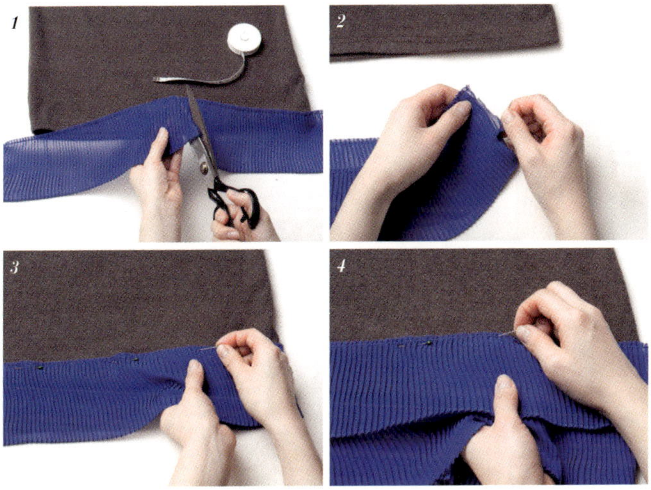

준비물

파란색 새틴 러플 레이스(폭 9㎝) · 파란색 실 적당량, 바늘, 가위, 줄자, 초크, 시침핀

만들기

1. 줄자로 티셔츠 아랫부분의 둘레를 잰 후 러플 레이스를 티셔츠의 둘레 길이보다 2㎝ 길도록 2장 재단한다.

2. ①의 양 끝을 둥글게 말아 시접 1㎝를 남겨 두고 세로로 박음질한 뒤 시접 부분을 다시 안쪽으로 접어 박음질한다.

3. 티셔츠의 맨 밑에서 2㎝ 올라온 높이를 초크로 표시를 하고 ②의 러플 레이스 1개를 시침핀으로 고정해 양 끝 시접 부분을 안쪽으로 접어 박음질한다.

4. 남은 러플 레이스를 ③의 윗선보다 6㎝ 위에 시침핀으로 고정하고 ③과 마찬가지로 시접 부분을 접어 박음질한다.

02. 슬리브리스 톱

after **A**

날개 장식 슬리브리스 톱

화이트 컬러의 아사 소재로 주름을 잡아 어깨에 장식하면 보이시한 슬리브리스가 청순한 아이템으로 변신한다.

before

받쳐 입기도 좋고 그냥 입어도 멋스러운 모노톤의 슬리브리스 톱은 약간의 디테일만 더해도 색달라진다. 로맨틱한 소재로 장식을 만들어 달거나 동물 모티브 장식을 붙여도 된다. 재킷 안에 입어 이너웨어로 입거나 하나만 입어 빈디지한 핏을 살려도 좋다.

after **B**

부엉이 아플리케 슬리브리스 톱

부엉이를 모티브로 한 아플리케 장식을 더했더니 캐주얼한 재킷은 물론 정장 재킷에도 포인트가 되는 이너웨어가 되었다.

coordination

style **A**

비비드 아이템의 믹스 매치

날개 장식 슬리브리스와 와인 컬러의 슬리브리스를 겹쳐 입어 로맨틱한 분위기를 살렸다. 컬러풀한 팬츠를 매치하면 귀여우면서도 시크한 룩이 완성된다.

style **B**

이지 캐주얼룩

데님 셔츠와 부엉이를 모티브로 한 슬리브리스를 레이어드한 경쾌한 캐주얼룩. 하의는 쇼트 팬츠를 선택해 발랄함을 강조했다.

after **A**

날개 장식 슬리브리스 톱

준비물

흰색 아사 원단 적당량, 검은색 러플 장식 밴드 리본 1/2마, 흰색 실, 바늘, 가위, 줄자, 시침핀

만들기

1. 아사 원단은 사진과 같은 모양으로 폭 6.5㎝, 길이 50㎝로 2장 재단한다.

2. ①의 아사 맨 끝부분에 1㎝ 간격으로 홈질한 뒤 잡아당겨 주름을 만든다.

3. 리폼할 티셔츠의 네크라인을 줄자로 잰 후 밴드 리본을 목둘레보다 1㎝ 길게 자른다.

4. ②를 어깨 부분에 각각 올려놓고 그 위에 ③을 네크라인을 따라 두른 후 시침핀으로 고정하고 박음질한다.

after **B**

부엉이 아플리케 슬리브리스 톱

1

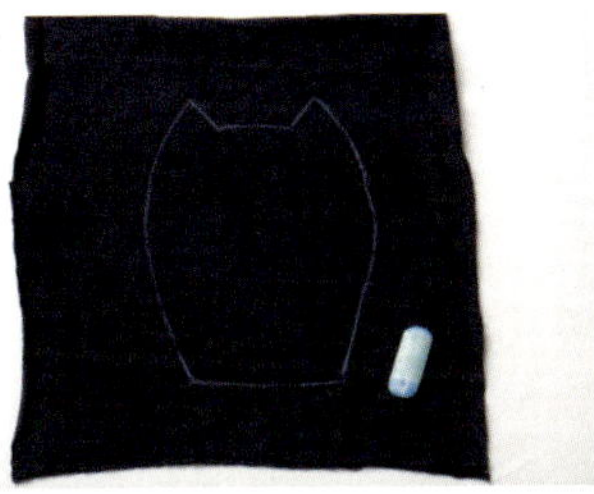

2

3

4

5

6

준비물

검은색 저지 원단 1/4마, 황토색 · 녹색 보드란 펠트 약간씩, 와인색 빈티지 단추 2개, 갈색 · 검은색 · 황토색 실 적당량씩
바늘, 가위, 펜, 초크, 시침핀, 자

만들기

1. 저지 원단에 초크로 부엉이를 그린 후 재단한다.

2. 황토색 펠트에 단추의 지름보다 0.5㎝ 크게 동그라미를 2개 그린다. 녹색 펠트는 지름 1㎝의 동그라미를 그린 후 재단한다.

3. ①의 부엉이 얼굴에 ②의 황토색 펠트와 단추를 올리고 바느질해 눈을 만든다. ②의 녹색 펠트로 코를 박음질한다.

4. ③의 양쪽 날개 부분에 갈색 실로 스티치 장식을 한다.

5. 황토색 펠트에 사진과 같이 부엉이 발을 그린 후 재단한다.

6. 리폼할 티셔츠 가운데에 ④을 시침핀으로 고정하고 검은색 실로 박음질한 후 황토색 실로 ⑤의 발을 달아 완성한다.

03.
스트라이프 티셔츠

after **A**

레드 리본 티셔츠

어깨와 소매에 면 소재의 리본을 달아 묶으니 사랑스러운 스트라이프 티셔츠가 완성되었다. 쇼트 팬츠나 스커트와 매치하면 더욱 예쁘다.

after **B**

멀티 러플 장식 티셔츠

네크라인에 주름 장식을 더했더니 러블리한 티셔츠로 탈바꿈했다. 트렌치코트나 테일러드 재킷 등의 이너웨어로 입어 오피스룩으로 활용해도 잘 어울린다.

before

누구나 한 벌쯤은 가지고 있는 스트라이프 티셔츠. 레드, 블루, 그린 등 컬러에 따라 다양하게 연출이 가능한 만능 아이템이다. 캐주얼한 티셔츠이지만 리폼으로 러블리하게 변신할 수 있다.

coordination

style **A**

이지 캐주얼 스타일링

레드 컬러 리본으로 포인트를 준 스트라이프 티셔츠에 깔끔한 화이트 스키니 팬츠를 매치했다. 도시는 물론 휴양지에서도 잘 어울리는 스타일이다.

style **B**

H라인 스커트로 여성스럽게

주름 장식으로 여성스럽게 변신한 스트라이프 티셔츠를 컬러풀한 H라인 스커트와 매치해 여성스러운 세미 정장룩으로 연출했다.

after **A**

레드 리본 티셔츠

준비물

빨간색 면 리본(폭 1.5㎝) 2마, 빨간색 실, 바늘, 가위, 줄자, 시침핀

만들기

1. 줄자로 티셔츠의 진동둘레를 잰 뒤 그 길이에 60㎝를 더해 면 리본을 자른다. 리본은 2개 준비한다.

2. ①의 리본을 티셔츠의 진동에 대고 시침핀으로 고정한 뒤 박음질한다. 이때 여분의 끈이 어깨 위로 가게 한다.

3. 면 리본을 65㎝ 길이로 2개 잘라 티셔츠의 소매 끝부분에 대고 시침핀으로 고정한 뒤 박음질한다. 남는 여분의 끈은 소매 위쪽으로 가게 한다.

4. ②와 ③의 리본의 끝부분은 살짝 두 번 접어 박음질해 올이 풀리지 않도록 한다. 소매와 어깨의 남은 끈을 각각 리본으로 묶는다.

after **B**

멀티 러플 장식 티셔츠

준비물

흰색 스트라이프 저지 원단 적당량, 흰색 실, 바늘, 시침핀, 가위, 자

만들기

1. 저지 원단을 폭 7㎝, 길이 100㎝로 자른다.

2. ①의 가운데를 홈질해 잡아당겨 주름을 만든다.

3. 티셔츠의 네크라인에 ②를 시침핀으로 고정한다.

4. ③의 가운데 부분을 박음질한다.

04.
베이식 카디건

after **A**

플라워 포켓 카디건

플라워 원단으로 주머니를 만들어 달았더니 빈티지풍 카디건이 완성되었다. 데님 팬츠는 물론 레이스 스커트 등과 매치해도 잘 어울린다.

after **B**

쁘띠 리본 카디건

고급스러운 공단 리본으로 장식을 더하고 소재와 컬러에 맞춰 단추를 교체했더니 여성스러운 분위기의 카디건이 만들어졌다.

before

간절기 아우터로 즐겨 입는 카디건은 기본 디자인일수록 다양한 리폼이 가능하다. 소재가 얇을 경우 무거운 장식보다는 가벼운 소재를 이용해 리폼해야 예쁘다.

coordination

style **A**

베이식 오피스룩

카디건 주머니와 컬러를 맞춘 파스텔 컬러의 블라우스에 기본 스타일의 스트레이트 팬츠를 매치하니 단정한 오피스룩이 연출되었다.

style **B**

미니스커트로 큐트룩

리본 디테일로 귀엽게 완성한 카디건에 블라우스와 미니스커트를 매치하면 생기 넘치는 데일리룩이 완성된다.

after **A**

플라워 포켓 카디건

준비물

플라워 패턴 원단(2가지) 약간씩, 남색 실, 바늘, 핑킹 가위, 시침핀, 자, 다리미

만들기

1. 플라워 원단은 핑킹 가위로 폭 12㎝, 길이 11㎝로 각각 1장씩 자른다.

2. ①을 0.5㎝씩 안쪽으로 접은 뒤 4면을 다리미로 다린다.

3. 카디건의 주머니를 달 위치에 ②의 원단을 올려놓고 시침핀으로 고정한다.

4. 남색 실로 맨 윗면을 빼고 3면을 홈질해 고정한다.

after **B**

뽀띠 리본 카디건

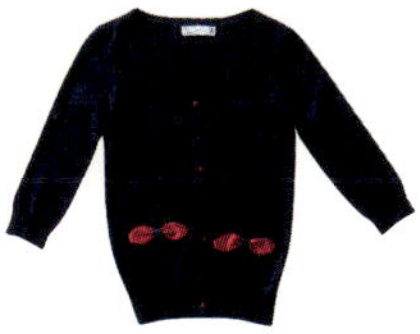

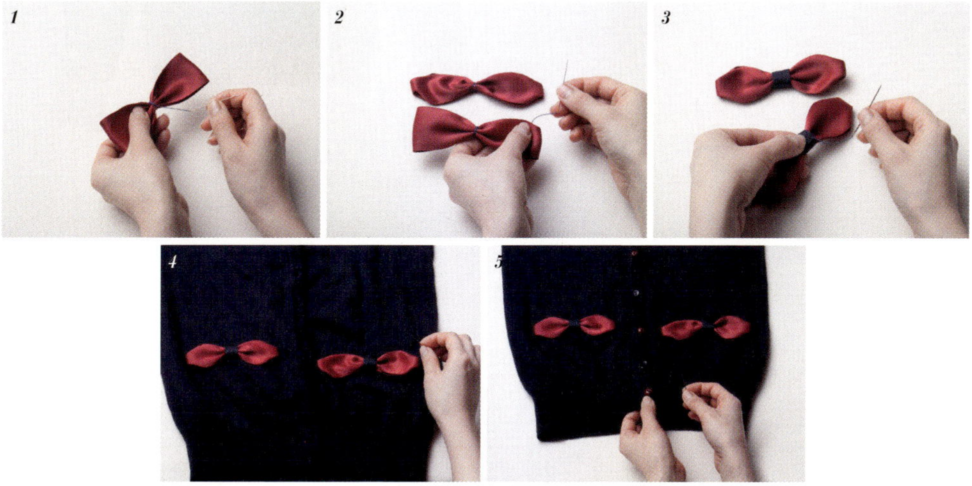

준비물

와인색 단추 4개, 와인색 공단 리본(폭 4cm 길이 28cm) 2줄, 남색 면 리본(폭 1.5cm) 약간, 남색 실, 바늘, 가위, 자

만들기

1. 와인색 리본은 둥글게 말아 가운데를 살짝 겹쳐 주름을 잡고 한 땀 바느질해 고정한다.

2. ①의 리본 양 모서리 끝 부분을 안쪽으로 살짝 접은 뒤 한 땀씩 바느질해 모서리를 둥글게 만든다. 이렇게 2개를 만든다.

3. ②의 가운데를 남색 면 리본으로 2번 감아 바느질로 고정한다.

4. 카디건의 양쪽 하단에 완성된 리본을 바느질로 고정한다.

5. 카디건의 맨 위, 2번째, 5번째, 7번째 단추를 와인색 단추로 바꾸어 단다.

05.
블랙 라운드 네크라인 니트

before

어디에나 매치하기 쉬워 자주 입는 블랙 컬러의 라운드 네크라인 니트. 화려한 장식이나 다른 소재를 믹스하면 색다른 리폼이 가능하다.

after **A**

폼폼 장식 니트

심플한 멋이 있는 니트에 블루와 블랙 컬러의 폼폼을 교차해 달았다. 입체적인 디테일과 컬러감을 더했더니 유니크한 디자인으로 변신했다.

after **B**

레이스 장식 니트

평범한 블랙 니트에 레이스를 부분적으로 붙여 레이어드한 효과를 주었더니 분위기가 한결 단아해졌다.

coordination

style **A**

세련된 컬러 매치의 오피스룩

폼폼과 색상을 맞춘 블루 컬러의 팬츠를 입어 세련된 느낌으로 연출했다. 오피스룩으로도 활용하기 좋은 스타일링이다.

style **B**

스팽글 스커트로 우아하게

레이스로 사랑스러워진 니트에 스팽글 스커트를 매치해 얌전하면서도 럭셔리한 매력을 풍긴다.

after **A**

폼폼 장식 니트

준비물

라운드 네크라인 니트, 파란색 폼폼 15개, 검은색 폼폼 13개, 검은색 실, 파란색 실, 바늘, 가위, 초크, 실뜯개, 시침핀

만들기

1. 안 입는 니트는 뒤집어 니트의 연결 부분을 실뜯개로 뜯은 뒤 앞판만 분리한다.

2. 사진처럼 ①에 폼폼을 달 위치를 초크로 표시한 후 두 가지 색이 서로 교차하도록 바느질로 단다.

3. ②를 리폼할 니트의 앞면에 올려 시침핀으로 고정한 후 양 옆과 어깨 부분에 박음질한다.

after **B**

레이스 장식 니트

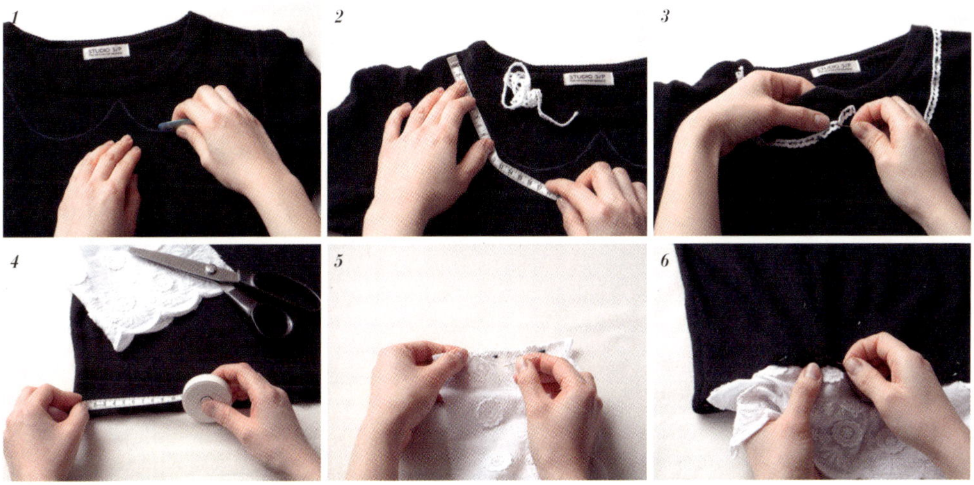

준비물

토숀 레이스(폭 0.5㎝) 1마, 면 레이스 적당량, 흰색 실, 바늘, 가위, 초크, 줄자, 시침핀

만들기

1. 리폼할 니트의 네크라인에 초크로 플랫칼라 모양을 그린다.

2. ①의 칼라 길이를 줄자로 잰 뒤 이 길이보다 0.5㎝ 정도 길게 토숀 레이스를 자른다.

3. ②를 ①위에 올리고 양쪽을 약간씩 접은 뒤 박음질한다.

4. 니트 아랫단의 길이를 잰 후 면 레이스를 그 길이보다 1㎝ 길게 자른다.

5. ④의 양쪽 부분을 2번 접어 박음질한다.

6. 니트 아랫단에 ⑤를 시침핀으로 고정한 후 박음질한다.

06. 트위드 재킷

after **A**

진주 장식 트위드 재킷

럭셔리한 트위드 재킷과 가장 잘 어울리는 진주를 주머니 라인에 달아 좀 더 고급스러운 분위기를 연출했다. 핵심은 두 가지 각기 다른 크기와 컬러의 진주를 믹스 매치하는 것.

after **B**

레이스 장식 트위드 재킷

재킷의 여밈 부분에 내추럴 커팅으로 만든 레이스 장식을 달아 좀 더 여성스러운 느낌으로 리폼했다.

before

블랙과 화이트 컬러가 믹스된 모노톤의 트위드 재킷은 여성스러움을 강조하는 대표적인 아이템이다. 특유의 럭셔리한 분위기를 더욱 빛낼 수 있는 소재를 이용해 리폼하는 것이 좋다.

coordination

style **A**

스타일리시한 페미닌룩

클래식한 트위드 재킷과 통이 넓은 판라쵸 팬츠로 스타일리시한 페미닌룩을 연출했다. 결혼식이나 돌잔치 등에 매치하면 좋다.

style **B**

세련된 정장 스타일링

트위드 재킷과 네이비 컬러의 심플한 원피스로 세련된 느낌을 살렸다. 레이스 장식이 포인트가 되어 클래식함을 멋지게 조화시켰다.

after **A**

진주 장식 트위드 재킷

준비물

회색 진주(지름 0.5㎝) 30개, 크림색 진주(지름 0.8㎝) 24개, 검은색 실, 바늘, 초크

만들기

1. 재킷의 주머니 부분에 진주를 달 곳을 초크로 표시한다.

2. 재킷의 주머니 부분에 크림색 진주와 회색 진주를 섞어 가면서 바느질로 단다.

after **B**

레이스 장식 트위드 재킷

준비물

검은색 시폰 · 흰색 망사 · 검은색 저지 원단 적당량, 검은색 실, 바늘, 가위, 자

만들기

1. 시폰, 망사, 저지 원단을 각각 폭 9㎝, 길이 35㎝로 자른다.

2. ①의 원단 모두 끝에서 12㎝ 정도 지점에 가위 집을 낸 후 사진과 같이 끝부분을 둥글게 자른다.

3. ②를 망사-저지-시폰 순서로 올려놓고 가위 집을 낸 지점부터 끝까지 촘촘히 홈질해 잡아당겨 주름을 만든다.

4. ③을 트위드 재킷의 여밈 부분 맨 위에 바느질로 단다.

07.
블랙 원피스

after **A**

호피 플랫칼라 원피스

클래식한 블랙 원피스의 플랫칼라에 호피 무늬의 시폰 소재를 덧대었다. 단아한 아이템에 세련미가 더해져 한층 고급스러워 보인다.

after **B**

레이스 장식 원피스

고급스러운 크림 컬러의 로프 무늬 레이스를 소매의 단과 허리에 둘러 고정했더니 한결 여성스럽고 우아해진 느낌이다.

before

기본 디자인의 블랙 원피스는 리폼하기 가장 좋은 아이템. 여성스러운 분위기를 내고 싶을 때는 레이스 소재를, 트렌디한 느낌을 주고 싶을 때는 시크한 패턴의 원단을 이용하면 좋다.

coordination

style **A**

클래식 페미닌룩

호피 무늬 칼라로 트렌디하게 변신한 원피스에 깔끔한 화이트 카디건을 매치해 클래식한 페미닌룩을 완성했다.

style **B**

유니크한 백이 포인트

레이스로 로맨틱해진 원피스에 매니시한 베스트를 레이어드했다. 포인트로 미니 사이즈의 파우치 백을 매치하면 미니멀룩이 연출된다.

after **A**

호피 플랫칼라 원피스

1

2

3

4

준비물

호피 무늬 시폰 적당량, 검은색 실, 바늘, 가위, 줄자, 초크

만들기

1. 원피스의 칼라 부분을 줄자로 잰 후 초크로 시폰 위에 약 0.5㎝ 정도 크게 칼라 4장을 그린다.

2. ①을 재단한 뒤 2장씩 모양대로 겹쳐 3㎝ 정도 창구멍을 남기고 촘촘히 홈질한다.

3. ②를 창구멍을 이용해 뒤집은 뒤 박음질해 창구멍을 막는다.

4. 원피스의 칼라에 ③을 양쪽으로 박음질해 단다.

after **B**

레이스 장식 원피스

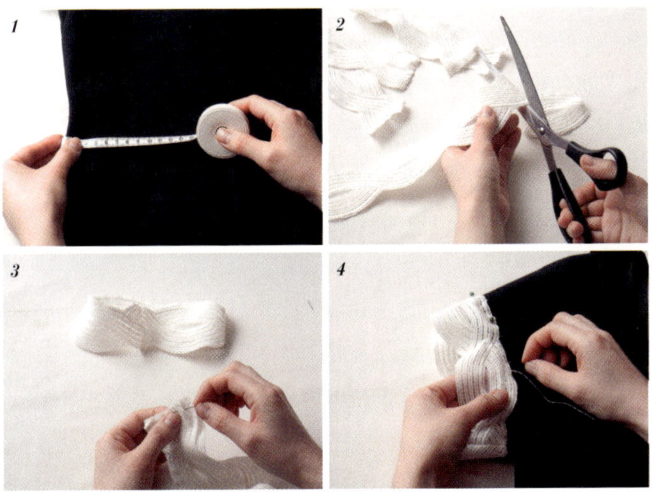

준비물

로프 무늬 레이스 2마, 흰색 실, 바늘, 가위, 줄자

만들기

1. 리폼할 원피스의 소매 둘레와 허리 둘레를 줄자로 잰다.

2. ①의 각 길이보다 1㎝ 정도 길게 레이스를 잘라 허리 부분 1줄과 소매 부분 2줄, 모두 3줄을 준비한다.

3. ②의 소매용 레이스를 각각 둥글게 말아 양쪽 0.5㎝씩 겹쳐 박음질해 링 2개를 만든다.

4. 원피스의 허리 부분에 ②의 레이스를 두르고 지퍼 여밈 부분 안쪽으로 0.5㎝씩 접어 박음질한다. ③도 소매 끝단에 살짝 겹치게 한 후 박음질한다.

08.
플랫칼라 블라우스

before

플랫칼라의 블라우스를 리폼할 때는 소재를 잘 선택해야 한다. 시폰이나 샤, 새틴 등 여성스러운 느낌의 소재를 고르고 디테일이 적은 것이 리폼하기 쉽다.

after **A**

플라워 장식 블라우스

시폰 소재의 플라워 모티브 레이스를 달았더니 빈티지하면서도 여성스러운 분위기의 블라우스로 변신했다.

after **B**

샤 리본 장식 블라우스

블랙 컬러 샤 소재의 리본 타이를 더하니 좀 더 성숙한 분위기를 내는 아이템으로 바뀌었다.

coordination

style **A**

심플한 하의로 단정하게!

플라워 레이스로 레트로풍으로 변신한 블라우스에 화이트 팬츠를 더하니 깔끔하면서도 멋스럽다. 심플한 슈즈로 마무리.

style **B**

특별한 날 활용하는 룩

블랙 리본 타이로 포인트를 준 블라우스와 블랙 H라인 스커트로 중요한 모임이나 격식을 갖춰야 하는 자리에 어울리는 의상을 연출했다.

after **A**

플라워 장식 블라우스

1

2

준비물

흰색 플라워 모티브 레이스 6개, 검은색 자수 실, 바늘, 시침핀

만들기

1. 블라우스 위에 레이스 6개를 사진과 같이 올려놓고 시침핀으로 고정한다.

2. 검은색 자수 실로 ①의 레이스 가운데를 박음질한다.

after **B**

샤 리본 장식 블라우스

준비물

검은색 샤 리본(폭 7㎝)·사슬 모양 토숀 레이스 1마씩, 검은색 실, 바늘, 가위, 시침핀, 줄자

만들기

1. 샤 리본의 양 끝 부분은 0.8㎝씩 2번 접어 박음질한다.

2. ①위에 레이스를 샤 리본의 폭에 맞게 자른 후 바느질로 고정한다.

3. 블라우스 플랫칼라의 둘레를 잰 후 레이스를 같은 길이로 자른다.

4. ③을 블라우스의 칼라 테두리에 대고 시침핀으로 고정한 뒤 바느질하고 ②를 칼라 안쪽에 끼워 리본으로 묶는다.

09. 화이트 셔츠

before

깔끔한 화이트 셔츠는 세련된 분위기를 살려 리폼하는 것이 포인트. 리폼 초보라면 단추 교체를, 손바느질을 좋아하는 사람이라면 패턴 패브릭을 덧대 보자.

after **A**

컬러 단추 셔츠

무난한 단추를 비비드한 컬러로 교체하는 간단한 리폼만으로도 셔츠의 분위기가 경쾌하게 바뀐다.

after **B**

빈티지 소매 장식 셔츠

소맷단 안쪽과 네크라인 부분에 빈티지한 패턴의 패브릭을 덧대어 주면 셔츠를 롤업해 입을 때 은근히 스타일리시해 보인다.

coordination

style **A**

레이어드로 포인트를 준 캐주얼룩

모노톤 티셔츠와 화이트 셔츠를 겹쳐 입어 단정한 느낌을 주었다. 여기에 티셔츠와 컬러를 맞춘 쇼트 팬츠를 입어 레이어드룩의 진수를 보여준다.

style **B**

유니크한 매니시룩

빈티지 패브릭으로 포인트를 준 셔츠에는 베이식한 하의가 최상의 코디네이션이다. 베이지 컬러의 기본 팬츠를 매치해 매니시룩을 연출했다.

after **A**

컬러 단추 셔츠

준비물

컬러 단추(지름 1.2㎝) 12개, 컬러 단추(지름 1㎝) 2개, 검은색 실, 바늘, 가위, 실뜯개

만들기

1. 셔츠에 달린 단추를 모두 실뜯개로 떼어낸다.

2. 셔츠 여밈 부분에 지름 1.2㎝의 컬러 단추를 달고 소매 부분에도 컬러 단추를 단다.

3. 칼라 모서리 부분에 지름 1㎝의 컬러 단추를 각각 하나씩 단다.

after **B**

빈티지 소매 장식 셔츠

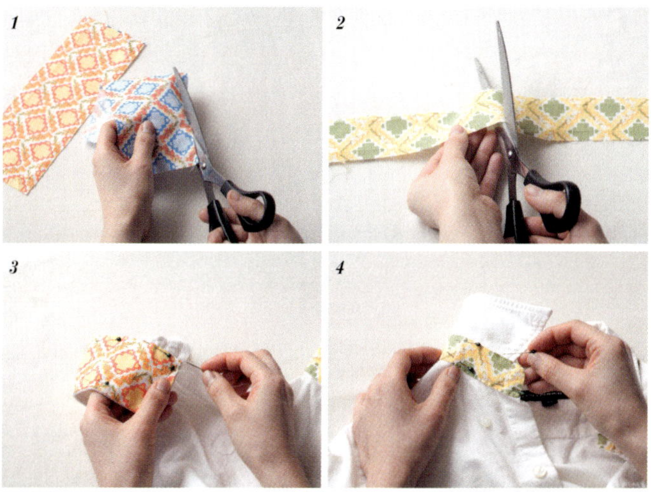

준비물

3가지 빈티지 원단 약간씩, 흰색 실, 바늘, 가위, 줄자, 시침핀

만들기

1. 리폼할 셔츠의 소맷단 둘레를 잰 후 빈티지 원단을 그 사이즈보다 1㎝씩 더 길게 2장씩 재단한다.

2. 셔츠의 네크라인의 둘레를 잰 후 폭과 길이 모두 1㎝ 길게 나머지 빈티지 원단을 재단한다.

3. 셔츠 소맷단에 ①을 각각 시접 0.5㎝로 안쪽으로 접어 시침핀으로 고정한 뒤 박음질한다.

4. ②를 네크라인에 대고 각각 시접 0.5㎝로 안쪽으로 접어 시침핀으로 고정하고 박음질한다.

10. 터틀넥 니트

after **A**

플리츠 레이스 장식 니트

심플한 터틀넥에 사선 방향으로 플리츠 레이스를 달아 여성스러움을 더하는 한편 날씬해 보이는 효과를 주었다.

after **B**

퍼 칼라 니트

유행이 지나 입지 않는 코트에 달려 있던 퍼 칼라에 리본을 달았다. 터틀넥 니트에 포인트로 리폼한 퍼 칼라를 두르면 어려 보이는 것은 물론 보온성까지 챙길 수 있다.

before

보온성이 높은 터틀넥 니트는 그레이나 브라운 등 어두운 컬러의 심플한 디자인이 활용하기 좋다. 무난한 아이템인 터틀넥 니트에 장식을 더한 리폼을 하면 분위기가 좀 더 화사해질 수 있다.

coordination

style **A**

우아한 페미닌 스타일링

길이가 긴 플리츠스커트에 진주 목걸이를 매치해
여성스러움이 물씬 풍기는 페미닌룩을 연출했다.

style **B**

빈티지 캐주얼룩

콜라주 장식으로 포인트를 준 퍼 칼라의 니트와
블랙의 쇼트 팬츠의 매치는 빈티지하면서도 캐주얼한
분위기를 자아낸다.

after **A**

플리츠 레이스 장식 니트

준비물

베이지색 플리츠 리본(폭 3.5㎝) · 살구색 플리츠 리본(폭 3.5㎝) 1과 1/2마씩, 베이지색 실, 살구색 실, 가위, 바늘, 줄자, 시침핀

만들기

1. 니트의 터틀넥 둘레와 왼쪽 어깨부터 대각선으로 길이를 잰다.

2. ①의 길이보다 약 1㎝ 정도 더 길게 베이지색과 살구색 플리츠 리본을 각각 2줄씩 자른다.

3. ②의 리본을 니트의 터틀넥 부분에는 2겹을 겹치고, 나머지 2줄은 사진과 같이 대각선으로 올려놓고 시침핀으로 고정한다.

4. ③의 대각선으로 고정한 리본은 맨 끝부분을 0.5㎝씩 접어 가운데 부분에 각각 리본 컬러와 맞는 실로 박음질한다.

5. 터틀넥 부분도 리본의 맨 끝 부분부터 박음질한다.

after **B**

퍼 칼라 니트

준비물

퍼 칼라 1개, 벨벳 리본(폭 2㎝) 1마, 샤 소재 폼폼 1개, 비즈 · 진주 · 갈색 면 리본(폭 1.5㎝) · 골지 리본(폭 0.5㎝) 약간씩
가위, 검은색 실, 바늘, 시침핀

만들기

1. 퍼 칼라의 안쪽 가운데에 벨벳 리본을 중심을 맞춰 올려놓고 시침핀으로 고정한 뒤 박음질한다.

2. 진주와 면 리본으로 리본을 묶어 ①에 바느질로 고정한다.

3. 비즈와 폼폼도 콜라주 작업을 하듯이 퍼 칼라에 바느질로 단다.

4. 니트를 입을 때 ③의 퍼 칼라를 어깨에 둘러 망토처럼 포인트를 준다.

11. 샤 스커트

after **A**

레이스 레이어드 스커트

내추럴한 커팅으로 빈티지한 느낌의 레이어드 스커트를 더했더니 유니크한 샤 스커트가 완성되었다.

after **B**

주얼리 장식 스커트

컬러가 각기 다른 캡 보석을 스커트 중간 중간에 달면 고급스러운 느낌을 더한 샤 스커트를 만들 수 있다.

before

한때 어른아이 할 것 없이 유행했던 공주풍 샤 스커트. 버리긴 아깝고 입기에는 왠지 유행에 뒤처지는 것 같다면 리폼의 힘을 빌려 보자. 소재가 다른 천을 매치하거나 단추나 보석 등을 달면 개성 있는 스타일이 완성된다.

coordination

style **A**

로맨틱 빈티지룩

레이스를 덧대어 더욱 자유분방해진 샤 스커트를 톤 온 톤 매치한 상의와 코디해 보이시한 매력을 더했다. 세련된 느낌의 빈티지룩으로 변신.

style **B**

귀엽고 발랄한 스타일링

상큼한 오렌지 컬러의 니트와 보석으로 포인트를 준 샤 스커트의 매치는 심플하지만 사랑스럽다. 포인트로 컬러풀한 스키니 벨트를 잊지 말 것.

after **A**

레이스 레이어드 스커트

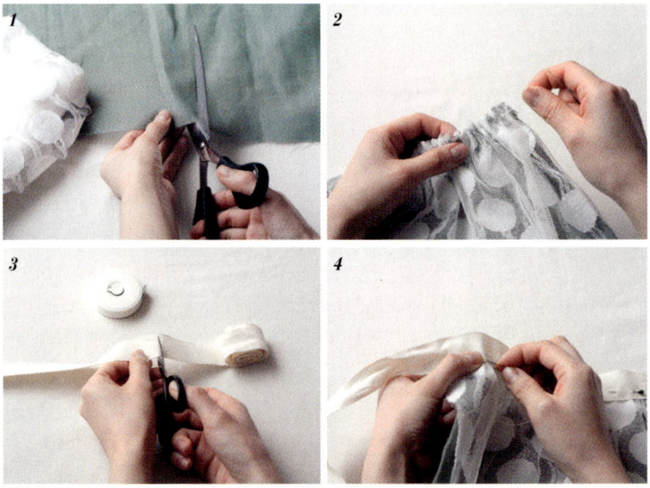

준비물

흰색 샤 원단 · 도트 망사 · 카키색 아사 1마씩, 크림색 면 리본(폭 2.5㎝) 3마, 초크, 줄자, 가위, 흰색 실, 바늘, 시침핀

만들기

1. 샤 원단은 폭 50㎝, 길이 99㎝, 도트 망사는 폭 50㎝, 길이 93㎝ , 카키색 아사 면은 폭 50㎝, 길이 105㎝로 각각 초크로 표시한 뒤 재단한다.

2. 위에서부터 도트 망사-샤 원단-아사를 순서대로 겹쳐 올리고 맨 윗부분을 촘촘히 홈질해 잡아당겨 주름을 만든다.

3. 면 리본은 스커트의 허리둘레보다 120㎝ 길게 자른 뒤 양끝을 2번 접어 박음질한다.

4. ②의 맨 윗부분에 ③의 리본을 약 1.5㎝ 정도 겹치게 올려 박음질한 뒤 스커트 허리에 둘러 리본으로 묶는다.

after **B**

주얼리 장식 스커트

1

2

준비물

아크릴 캡 보석 (보라색 · 청록색 · 갈색) 15개씩, 갈색 실, 바늘, 가위

만들기

1. 아크릴 보석을 스커트의 앞면에 중간 중간 골고루 위치를 잡아 올린다.

2. 올려놓은 보석을 바느질로 3~4번씩 바느질해 단단히 고정한다.

12. H라인 스커트

after **A**

블랙 레이스 장식 스커트

주름을 잡아 볼륨감을 더한 블랙 레이스를 스커트 밑단부터 트임 부분까지 덧대어 우아한 느낌을 살렸다.

after **B**

스팽글 장식 스커트

허리 부분에만 스팽글 장식을 달아 H라인 스커트의 단정함을 살리면서 화려한 느낌을 더했다. 특별한 날, 입을 수 있는 시크한 스타일의 스커트가 완성되었다.

before

모던한 느낌의 H라인 스커트는 깔끔하게 입는 것이 정석이지만 색다른 소재를 더해 유니크하게 입는 것도 재미 있다. 단정함을 탈피한 리폼은 뻔한 오피스룩을 멋지게 만드는 훌륭한 방법이다.

coordination

style **A**

모던 & 섹시룩

블랙 레이스를 더해 여성스러운 느낌을 한껏 강조한 스커트와 고풍스러운 레이스 블라우스를 톤 온 톤 매치해 모던하면서도 섹시한 분위기를 더했다.

style **B**

미니멀 스타일링

스팽글 장식으로 화려함을 더한 스커트는 멋진 스타일링이 가능하다. 스킨 톤의 앙고라 스웨터와 매치해 심플하면서도 세련된 스타일링을 완성했다.

after **A**

블랙 레이스 장식 스커트

1

2

3

4

준비물

검은색 2중 주름 레이스(폭 9.5㎝) 1마, 검은색 실, 줄자, 바늘, 가위, 시침핀

만들기

1. 스커트 아랫단의 둘레를 잰다. 트임이 있다면 트임 부분까지 잰다.

2. ①의 길이만큼 레이스를 가위로 자른다.

3. 스커트 아랫단 안쪽에 트임 부분 끝까지 ②의 레이스를 대고 시침핀으로 고정한다.

4. ③을 박음질로 고정한다.

after **B**

스팽글 장식 스커트

준비물

금색 스팽글 적당량, 빨간색 실, 바늘, 초크

만들기

1. 스커트 허릿단 아래 초크로 마름모 모양을 그려 놓는다.

2. ①의 선을 따라 빨간색 실로 스팽글을 하나씩 단다.

13. 블랙 재킷

after **A**

화이트 스티치 장식 재킷

블랙 재킷을 데님 팬츠처럼 캐주얼한 하의와 자주 매치하는 사람이라면 재킷에 스티치 장식을 더해 볼 것. 빈티지 단추가 캐주얼한 하의와 더불어 귀여운 느낌을 준다.

after **B**

핫픽스 주얼리 장식 재킷

재킷의 칼라 부분에 핫픽스를 붙이는 간단한 리폼만으로 특별한 날 아우터로 선택해도 손색없는 트렌디한 재킷이 되었다.

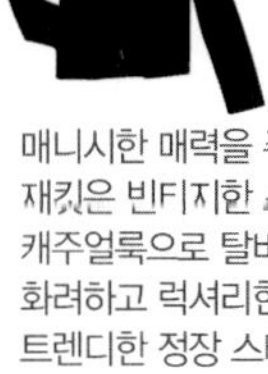

before

매니시한 매력을 주는 블랙 재킷은 빈티지한 소재를 더하면 캐주얼룩으로 탈바꿈된다. 리폼할 때 화려하고 럭셔리한 소재를 더하면 트렌디한 정장 스타일에 잘 어울린다.

coordination

style **A**

트렌디한 캐주얼룩

자칫 나이 들어 보일 수 있는 블랙 재킷을 화이트 스티치와 단추로 리폼한 뒤 하이웨이스트 데님 팬츠와 입으면 트렌디한 캐주얼룩을 연출할 수 있다.

style **B**

화려한 파티 스타일링

핫픽스 디테일로 화려해진 재킷에 우아한 드레이핑으로 디자인 된 원피스를 매치하면 파티 웨어로도 손색없는 화려한 스타일링이 완성된다.

after **A**

화이트 스티치 장식 재킷

준비물

흰색 빈티지 단추 4개, 흰색 자수 실, 바늘, 가위

만들기

1. 재킷의 칼라 부분의 테두리를 따라 0.3㎝ 정도 간격으로 2줄 홈질한다.

2. 재킷의 단추는 떼어내고 빈티지 단추를 양쪽에 각각 2개씩 단다.

after **B**

핫픽스 주얼리 장식 재킷

1

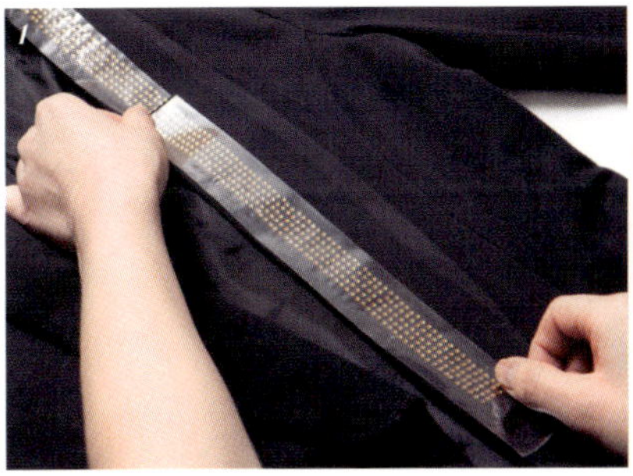

2

준비물

금색 핫픽스 적당량, 가위, 다리미

만들기

1. 핫픽스를 원하는 크기만큼 자른 후 재킷의 칼라 부분에 붙인다.

2. 다리미 온도를 160~180℃에 맞추어 ①위에 15초 정도 꾹 누른 후 핫픽스가 잘 붙어 있으면 비닐을 떼어 낸다.

14.
후드 집업 점퍼

before

편안하면서도 은근히 스타일리시해 보이는 후드 집업 점퍼. 편안하게 입는 아우터이므로 부담스러운 고급 소재보다는 내추럴한 부자재로 리폼하는 것이 좋다.

after **A**

레이스 장식 후드 집업 점퍼

요즘 유행하는 케이프 스타일 레이스를 네크라인에 달아 주었더니 귀여운 분위기를 물씬 풍기는 점퍼로 탈바꿈했다.

after **B**

핑크 포인트 후드 집업 점퍼

기본 컬러인 회색 후드의 끈을 핑크색으로 교체해 주었더니 컬러 포인트가 생겼다. 컬러 포인트만으로 밝은 인상을 만들어 주는 점퍼가 되었다.

coordination

style **A**

페미닌 캐주얼룩

레이스 디테일을 더한 후드 집업 점퍼에
플라워 패턴의 스커트를 매치하면 여성스러운
캐주얼룩이 완성된다.

style **B**

경쾌한 캐주얼룩

핑크 컬러를 더해 귀여운 컬러 포인트를 준 후드 집업
점퍼와 데님 미니스커트를 매치해 발랄하고 어려
보이는 데일리룩을 연출했다.

after **A**

레이스 장식 후드 집업 점퍼

준비물

모티브 레이스 1개, 실, 바늘, 시침핀

만들기

1. 레이스를 후드 아랫부분의 네크라인을 따라 올려 두고 시침핀으로 고정한다.

2. ①의 네크라인 부분만 박음질로 고정한다.

after B
핑크 포인트 후드 집업 점퍼

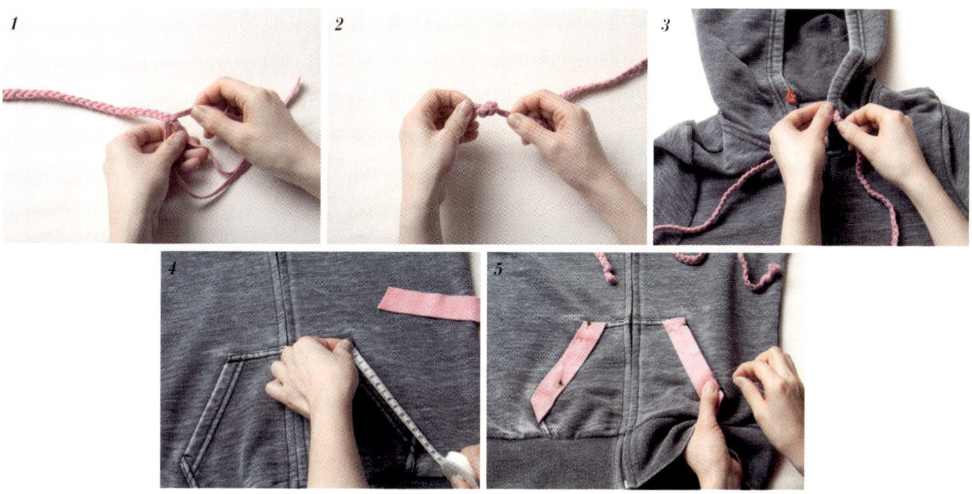

준비물

핑크색 면 리본(폭 0.5㎝) 5마, 핑크색 스웨이드 리본(폭 2㎝) 약간, 핑크색 실, 바늘, 가위, 줄자, 시침핀

만들기

1. 면 리본을 후드 둘레보다 50㎝ 더 길게 3줄 자른 후 머리를 땋듯 땋는다.

2. ①의 땋은 끈의 맨 끝은 풀러 지지 않도록 매듭 짓는다.

3. 후드에 달려 있던 끈을 빼내고 ②를 대신 끼운다.

4. 주머니 입구의 길이를 잰 뒤 시접 0.6㎝를 더해 스웨이드 리본을 자른다.

5. 스웨이드 리본은 양 끝을 0.3㎝씩 접어 주머니 입구에 시침핀으로 고정한 후 박음질한다.

15.
프린트 카디건

before

알록달록 하나만 입어도 포인트가 되는 프린트 카디건. 도트나 스트라이프 등 프린트가 있는 아이템을 리폼할 때는 컬러를 맞춰 과하지 않도록 주의한다.

after **A**

레이스 트리밍 카디건

프린트 카디건에 레이스를 더해 러블리하면서도 빈티지한 느낌으로 변신시켰다. 레이스는 신축성이 있는 것으로 선택해야 입었을 때 불편함이 없다.

after **B**

코르사주 장식 카디건

코르사주는 카디건이나 재킷에 달아 손쉽게 로맨틱한 느낌을 전할 수 있는 소품이다. 카디건과 보색 대비를 이루는 노란색 펠트로 만든 코르사주로 세련미를 더했다.

coordination

style **A**

로맨틱 빈티지 캐주얼룩

레이스 트리밍으로 빈티지함을 더한 카디건에 와이드 데님 팬츠를 매치해 편안하면서도 스타일리시한 캐주얼 스타일링을 연출했다.

style **B**

레트로 페미닌 스타일링

코르사주로 포인트를 준 카디건을 브라운 컬러의 풀 스커트와 매치하면 복고적이면서도 여성스러움을 드러낼 수 있는 페미닌룩이 완성된다.

after **A**
레이스 트리밍 카디건

준비물

토숀 레이스(폭 3cm) 1마, 베이지색 실, 바늘, 가위, 시침핀

만들기

1. 리폼할 카디건의 길이와 손목 둘레를 각각 줄자로 잰다.

2. ①의 길이보다 각각 1cm씩 길게 레이스를 잘라 3줄을 준비한다.

3. ②의 가장 긴 레이스는 카디건의 여밈 부분의 맨 위와 아래에, 짧은 레이스는 양쪽 손목에 0.5cm씩 안으로 접어 시침핀으로 고정한다.

4. ③이 시침핀으로 고정한 레이스 리본의 가운데를 기준으로 1cm 간격으로 2줄로 박음질한다.

after **B**
코르사주 장식 카디건

준비물

황토색 보드란 펠트 적당량, 연두색 보드란 펠트 · 인조 꽃술 약간씩, 브로치 핀 대 1개, 황토색 자수 실, 글루건, 바늘, 가위, 시침핀, 초크

만들기

1. 황토색 펠트에 지름 5㎝ 크기의 동그라미를 9개 그린 뒤 재단한다.

2. ①을 비스듬히 겹친 후 가운데에 인조 꽃술을 올려 바느질로 고정한다.

3. 연두색 펠트에 나뭇잎 모양을 2개 그린 뒤 잘라 가운데를 홈질해 스티치 장식을 한다.

4. ③을 ②의 뒷면에 글루건으로 붙이고 브로치 핀 대도 글루건으로 붙여 카디건에 단다.

16. 야상 점퍼

after **A**

빈티지 레이스 야상 점퍼

자칫 군복처럼 보이는 야상 점퍼에 면 소재의 레이스를 덧대어 사랑스럽게 변신시켰다.

after **B**

프린트 장식 야상 점퍼

요즘 다양하게 나오는 프린트 패브릭 중 취향에 맞는 것을 골라 달았다. 간단한 리폼으로 탄생한 야상 점퍼는 나만의 개성을 확실히 보여 주는 아우터가 된다.

before

드라마 속 여주인공이 입어 유행된 야상 점퍼는 이제 대중적인 아우터가 되었다. 흔해진 만큼 리폼을 통해 개성 있는 나만의 아우터로 만들어 보사. 중성적인 느낌의 아이템이지민 얼마든지 여성스러운 분위기를 낼 수 있다.

coordination

style **A**

프렌치 시크 스타일링

레이스로 로맨틱하게 변신한 야상 점퍼와 시폰 소재의 플라워 쇼트 팬츠를 매치해 안 꾸민 듯 멋진 프렌치 스타일의 스트리트 패션을 연출했다.

style **B**

유니크한 톰보이룩

패브릭 장식으로 빈티지한 멋을 낸 야상 점퍼와 심플한 블랙 팬츠를 입고 프린지 장식 숄더백을 함께 매치해 보이시하면서도 유니크한 캐주얼 스타일링을 완성했다.

after **A**

빈티지 레이스 야상 점퍼

준비물

면 레이스(폭 2㎝) 적당량, 와펜 2개, 가위, 흰색 실, 바늘, 시침핀

만들기

1. 레이스를 달 야상 점퍼의 주머니 윗면의 길이를 자로 잰다.

2. 레이스를 ①보다 1㎝ 더 길게 잘라 0.5㎝씩 안쪽으로 접은 뒤 주머니의 윗부분에 박음질한다.

3. 와펜을 양쪽 주머니 부분에 각각 시침핀으로 고정한 뒤 테두리를 박음질한다.

after **B**

프린트 장식 야상 점퍼

준비물

프린트 원단 적당량, 가위, 흰색 실, 바늘, 시침핀

만들기

1. 원하는 프린트 원단 3개를 골라 가위로 재단한다.

2. ①을 야상 점퍼 뒷면에 2개, 오른쪽 팔 부분에 1개씩 시침핀으로 각각 고정한다.

3. ②의 프린트 원단 가장자리를 따라 박음질해 고정한다.

17. 데님 재킷

after **A**

프린지 장식 데님 재킷

데님 재킷과 가장 잘 어울리는 프린지 장식을 포인트로 달아 주었다. 면 티셔츠는 물론 원피스에도 잘 어울리는 아우터로 변신했다.

after **B**

빈티지 플라워 데님 베스트

자주 입지 않는 데님 재킷이 있다면 과감히 소매 부분을 재단해 베스트로 만들어 볼 것. 이때 진동 둘레의 소매 끝부분은 약간 남겨 캡 소매로 만드는 것이 포인트다.

before

평범하지만 의외로 매치하기가 까다로운 데님 재킷. 본인이 즐겨 입는 다른 아이템과 좀 더 잘 어울릴 수 있도록 리폼하는 것이 포인트다.

coordination

style **A**

로맨틱 에스닉룩

프린지 장식으로 새롭게 변신한 데님 재킷. 여기에 내추럴한 원피스와 활동적인 워커를 신어 로맨틱한 에스닉룩을 연출했다.

style **B**

컬러 포인트로 개성 있게!

베이식한 아이템인 데님 베스트를 스킨 컬러 톱과 레이어드하고 오렌지 컬러의 팬츠로 포인트를 주어 지루하지 않게 연출했다.

after **A**

프린지 장식 데님 재킷

준비물

흰색 프린지 장식 면 레이스 1마, 줄자, 가위, 흰색 실, 바늘, 시침핀

만들기

1. 줄자로 주머니 윗면의 길이와 허릿단의 둘레를 잰다.

2. 프린지 장식 레이스를 ①의 길이로 2줄, 허릿단 둘레로 1줄씩 모두 3줄을 자른다.

3. ②를 양쪽 주머니와 허릿단에 대고 시침핀으로 고정한다.

4. ③의 프린지 장식 레이스 윗부분에 각각 박음질로 고정한다.

after B
빈티지 플라워 데님 베스트

1

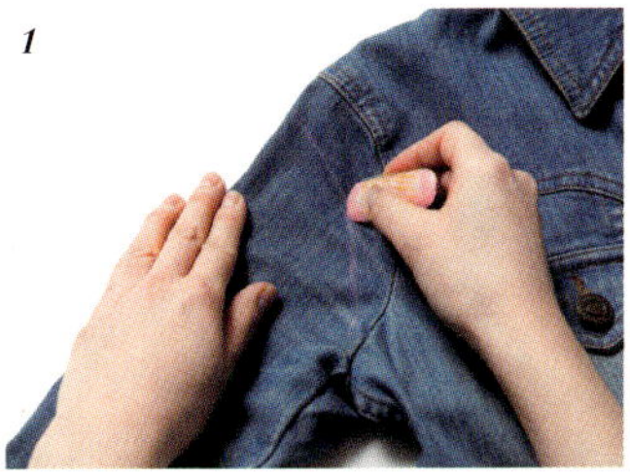

2

3

4

5

준비물

플라워 패턴 패브릭 스티커 3장, 자투리 천 약간, 초크, 가위, 다리미

만들기

1. 재킷의 양쪽 팔 부분을 2㎝ 정도 여유를 남겨 두고 진동까지 초크로 표시한다.

2. ①을 따라 가위로 양쪽 팔을 재단한다.

3. 패브릭 스티커 3개를 모양대로 자른다.

4. ③을 ②의 왼쪽 가슴과 오른쪽 칼라, 그리고 왼쪽 허릿단에 각각 올리고 그 위를 자투리 천으로 덮은 뒤 고온으로 달군 다리미로 15초 정도 다린다.

5. ④의 종이를 조금 떼어본 뒤 스티커가 잘 붙었으면 나머지 종이를 모두 떼어낸다.

18. 쇼트 팬츠

before

여름철 데일리룩으로 자주 입게 되는 쇼트 팬츠, 아기자기한 디테일이 있는 리본이나 끈으로 포인트를 주면 훨씬 스타일리시한 아이템이 된다.

after **A**

리본 트리밍 쇼트 팬츠

블랙&화이트 컬러의 도트 리본으로 장식을 해주었더니 부담스럽지 않으면서도 사랑스러운 느낌이 든다.

after **B**

허리 장식 쇼트 팬츠

벨트를 두른 듯 허리에 펀칭 장식의 리본을 장식하면 허리를 더욱 잘록하게 연출해 주면서 밋밋함을 없애 주어 센스 있어 보인다

coordination

style **A**

화려한 느낌의 클럽룩

도트 리본으로 로맨틱해진 쇼트 팬츠에 화려한 핑크 컬러의 스팽글 티셔츠를 매치해 경쾌한 느낌을 살렸다. 분위기 변신을 하고 싶은 날 과감하게 연출한다.

style **B**

데일리 캐주얼룩

빈티지한 리본으로 리폼한 쇼트 팬츠를 강렬한 느낌의 스트라이프 스웨터와 매치한 스타일링은 가벼운 외출시 잘 어울리는 캐주얼룩이다.

after **A**

리본 트리밍 쇼트 팬츠

1

2

3

준비물

검은색 도트 무늬 리본(폭 2.5㎝) 1마, 베이지색 골지 리본(폭 0.5㎝, 길이 10㎝) 1줄, 가위, 검은색 실, 바늘, 자, 시침핀

만들기

1. 골지 리본은 5㎝ 길이로 2줄 자른다. 도트 리본은 17㎝ 길이로 2줄, 주머니 길이로 2줄씩 각각 자른다.

2. ①의 17㎝로 자른 리본을 둥글게 말아서 가운데를 골지 리본으로 감싼 뒤 바느질로 고정한다.

3. 팬츠의 주머니에 ①의 주머니 길이로 자른 도트 리본과 ②를 올려 시침핀으로 고정해 박음질한다.
이 때 리본의 맨 아랫부분은 살짝 안으로 접어 박는다.

after **B**

허리 장식 쇼트 팬츠

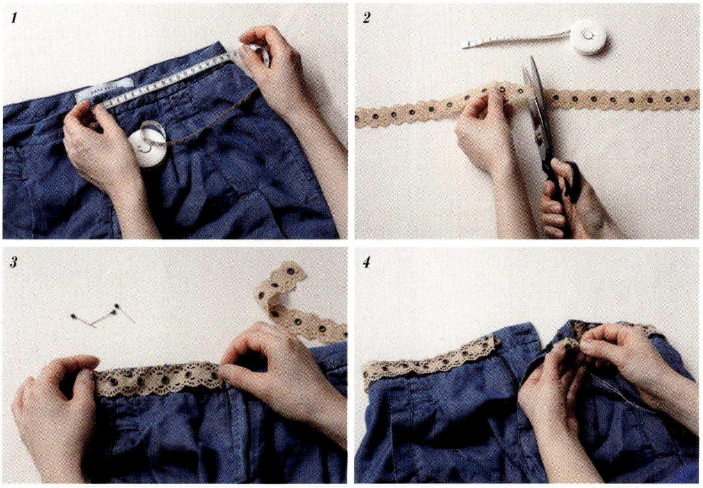

준비물

인조 스웨이드 레이스 리본(폭 3㎝) 1마, 가위, 검은색 실, 바늘, 줄자, 시침핀

만들기

1. 리폼할 쇼트 팬츠의 허리둘레를 줄자로 잰다.

2. ①의 허리둘레보다 2㎝ 길게 레이스 리본을 자른다.

3. 쇼트 팬츠의 허릿단에 ②를 대고 시침핀으로 고정한다.

4. ③을 쇼트 팬츠의 허리선에 따라 박음질하고 맨 끝은 사진과 같이 시접 1㎝를 접어 박음질한다.

19. 데님 팬츠

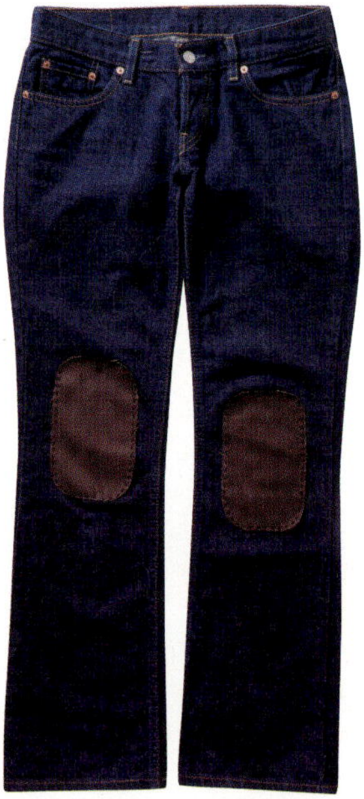

after **A**

빈티지 패치 데님 팬츠

평범한 데님 팬츠에 브라운 컬러의 패브릭으로 패치 장식을 했더니 좀 더 경쾌한 디자인의 팬츠가 만들어 졌다.

before

리폼의 대표적 아이템인 데님 팬츠. 과한 장식보다는 심플한 장식을 더해 데일리 아이템으로 부담 없이 입을 수 있게 만드는 것이 좋다.

after **B**

롤업 하프 팬츠

긴 데님 팬츠를 무릎길이로 잘라 롤업으로 고정했다. 간절기에 레깅스와 레이어드해 입어도 좋을 활용도 높은 팬츠로 변신했다.

coordination

style **A**

페미닌 캐주얼룩

무릎 패치로 귀여움을 더한 데님 팬츠는 보이시한 상의와 코디하는 경우가 많다. 하지만 프릴 등 여성스러운 디테일이 가미된 아이템과도 잘 어울린다.

style **B**

발랄한 캐주얼 스타일

편안하고 캐주얼한 데님 하프 팬츠와 스트라이프 재킷의 믹스 매치. 여기에 이너웨어로 프린트가 있는 티셔츠를 입으면 발랄한 분위기를 발산하기에 그만이다.

after **A**

빈티지 패치 데님 팬츠

1

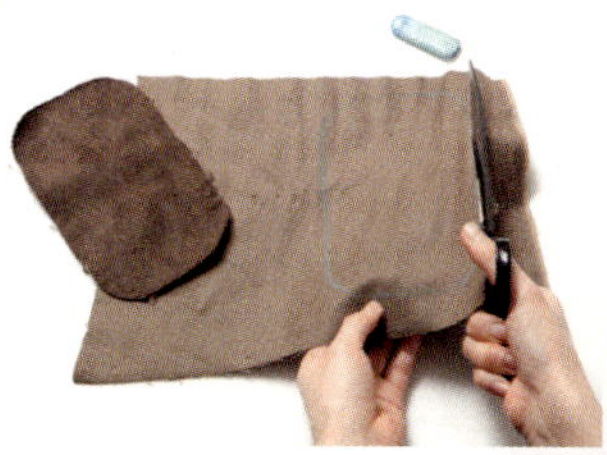

2

3

준비물

갈색 인조 스웨이드 1/4마, 초크, 검은색 자수 실, 가위, 바늘, 시침핀

만들기

1. 인조 스웨이드에 폭 10㎝, 길이 15㎝의 패치 2개를 초크로 그린 후 재단한다.

2. ①을 청바지 무릎에 올려놓고 시침핀으로 고정한다.

3. 자수 실을 3겹 겹쳐 바늘에 뀀 후 0.3㎝ 간격으로 홈질한다.

after **B**

롤업 하프 팬츠

준비물

군청색 면 리본(폭 2.5㎝ 길이 13㎝) 2줄, 청록색 빈티지 단추 2개, 가위, 바늘, 검은색 실

만들기

1. 자신의 무릎 길이에 맞게 데님 팬츠를 자른다.

2. ①의 다리 부분을 각각 2번 접어 올린 뒤 흘러내리지 않도록 양쪽에 바느질로 고정한다.

3. 리본은 10㎝ 길이로 2줄을 잘라 청바지 바깥쪽에 대고 약 0.5㎝ 정도 살짝 안으로 접어 박음질한다.

4. 남은 리본은 양쪽 청바지 바깥쪽에 대고 약 0.5㎝ 정도 살짝 안으로 접어 박음질한 뒤 그 위에 빈티지 단추를 단다.

20. 숄더백

after **A**

태슬 장식 도트 백

오렌지 컬러의 소가죽으로 태슬을 만들어 달고 도트 디테일을 더했다. 클래식했던 백이 사랑스러운 느낌으로 거듭났다.

after **B**

스네이크 트리밍 백

스네이크 패턴의 인조 가죽 파이핑을 핸들과 여밈 부분에 장식했더니 튀지 않으면서도 고급스러워 보인다.

before

어디에나 잘 어울리는 평범한 디자인의 숄더백을 컬러나 패턴이 있는 가죽 소재로 장식했다. 심플한 의상에 포인트가 되는 요긴한 액세서리가 된다.

coordination

style **A**

유니크한 패션 포인트

여성스러운 실루엣의 원피스에 박시한 재킷을 매치해 시크하게 연출했다. 여기에 원피스와 컬러를 맞춘 도트 디테일의 백은 유니크한 패션 포인트가 된다.

style **B**

고급스러운 스타일의 완성

컬러풀한 니트로 포인트를 준 의상과 스네이크 트리밍 장식의 숄더백은 은근히 세련되어 보이는 패션을 완성해준다.

after **A**

태슬 장식 도트 백

1

2

3

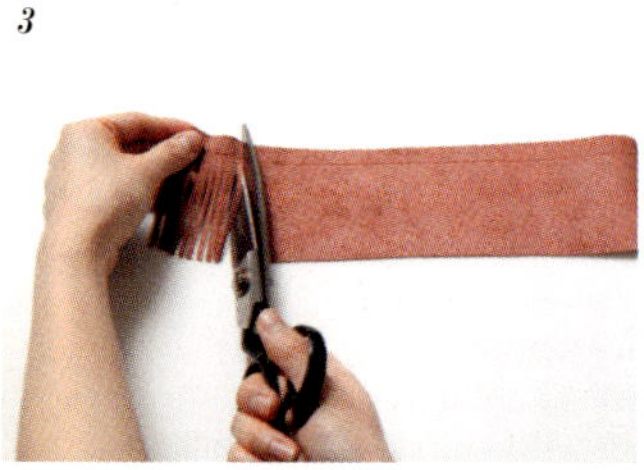

4

5

준비물

주황색 소가죽 1/4마, 열쇠고리 장식 1개, 글루건, 접착제, 가위

만들기

1. 주황색 가죽에 지름 3.5cm의 동그라미를 16개를 그리고 폭 1cm, 길이 8cm를 1개 재단한다.

2. ①의 동그랗게 자른 가죽을 가방의 앞면과 뒷면에 7cm 간격을 두고 3줄을 글루건으로 붙인다.

3. 주황색 가죽을 폭 8.5cm, 길이 28cm로 자른 후 윗면에 약 1cm 정도를 남기고 촘촘하게 잘라 술을 만든다.

4. ①의 폭 1cm, 길이 8cm로 재단한 가죽 줄에 열쇠고리를 끼우고 반을 접어 접착제로 붙인다.

5. ④를 ③의 맨 끝에 올려놓고 접착제로 붙여가며 끝까지 돌돌 만다.

after **B**

스네이크 트리밍 백

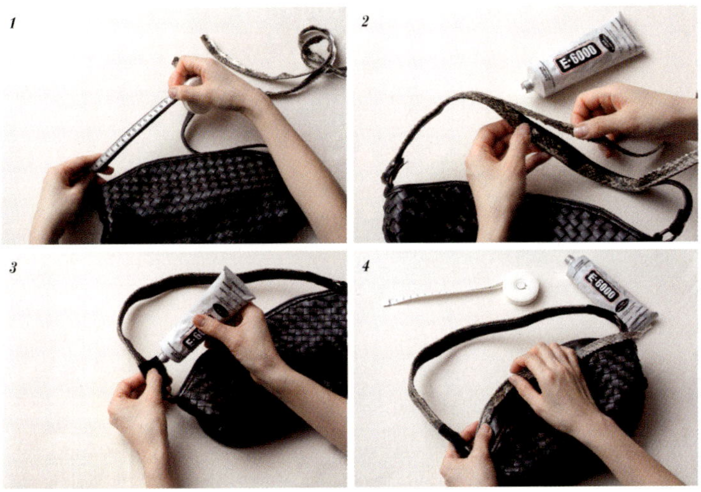

준비물

스네이크 패턴 파이핑(폭 1㎝) 적당량, 골지 리본(길이 5㎝, 폭 3㎝) 2줄, 줄자, 라이터, 접착제, 가위

만들기

1. 줄자로 가방 줄 길이를 잰 뒤 스네이크 패턴 파이핑을 길이만큼 2줄 자른다.

2. 가방 줄 폭에 맞춰 양쪽으로 1줄씩 스네이크 파이핑을 접착제로 붙인다.

3. 골지 리본은 모두 양 끝을 라이터 불로 살짝 태운 뒤 ②의 핸들의 끝부분을 감싸 접착제로 붙인다.

4. 줄자로 가방의 입구 둘레를 잰 뒤 스네이크 패턴 파이핑을 길이만큼 잘라 접착제로 가방 입구 안쪽에 붙인다.

21. 모자

after **A**

그린 플라워 피크닉 모자

집에 꽂아 두었던 인조 꽃과 잎사귀를 모자의 코르사주로 연출했더니 봄과 여름, 싱그러운 느낌을 줄 수 있는 새로운 모자가 되었다.

after **B**

리본 장식 모자

한 가지 컬러의 리본이 식상하다면 두 가지 컬러를 매치해 모자에 장식해 볼 것. 포인트가 되는 한 가지 컬러를 함께 입을 옷과 맞춰 리폼하면 훨씬 세련된 스타일을 연출할 수 있다.

before

피크닉과 휴양지에서 즐겨 쓰는 스트로 모자. 누구나 하나쯤 있을 법한 평범한 모자는 컬러로 포인트를 주거나 주변의 장식물을 코르사주로 달면 훨씬 근사한 스타일로 변모된다.

coordination

style **A**

원피스와 함께 리조트룩

플라워 장식을 더한 로맨틱한 모자와 비비드 컬러의 A라인 원피스를 코디하면 리조트 스타일링으로 제격이다. 화이트 블라우스를 레이어드해도 예쁘다.

style **B**

발랄한 피크닉 스타일링

리본으로 포인트를 준 모자에 컬러의 통일감을 줄 수 있는 레드 컬러의 상의와 하의를 매치하면 보다 감각적으로 보인다. 피크닉룩으로 강력 추천한다.

after **A**

그린 플라워 피크닉 모자

준비물

녹색 체크 리본(폭 4㎝) 1마, 인조 꽃 · 인조 꽃잎 2개, 양면테이프, 글루건, 펜치, 가위, 줄자

만들기

1. 모자 둘레를 재고 그 길이만큼 리본을 잘라 모자에 양면테이프로 붙인다.

2. 꽃과 인조 꽃잎의 철사 대를 펜치로 끝까지 자른다.

3. ②의 꽃과 잎사귀를 ①의 리본의 연결된 지점에 글루건으로 붙인다.

after **B**

리본 장식 모자

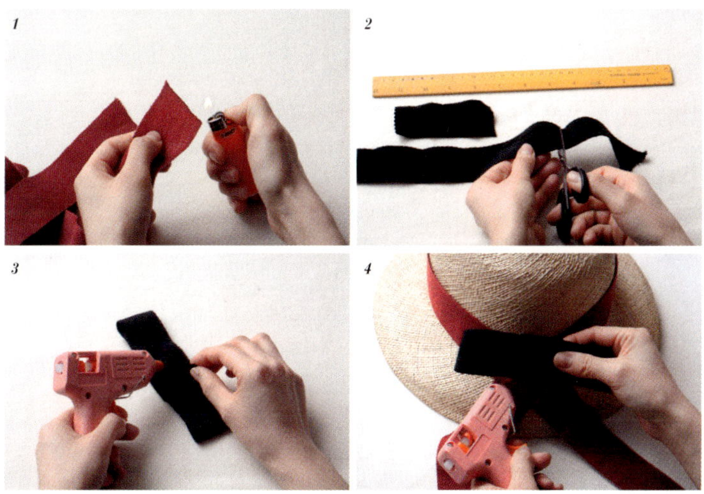

준비물

빨간색 면 리본(폭 4.2㎝ 길이 140㎝) · 검은색 면 리본(폭 4.2㎝ 길이 40㎝) 1줄씩
라이터, 양면테이프, 글루건, 가위

만들기

1. 빨간색 리본은 양끝을 라이터로 약간 태워 올이 풀리지 않게 한다.

2. 검은색 리본은 27㎝, 13㎝길이로 각각 자른다.

3. 27㎝ 리본을 둥글게 말아 13㎝ 리본으로 가운데를 한번 감싼 뒤 글루건으로 고정해 리본을 만든다.

4. 모자에 ①을 교차해 두르고 양면테이프로 고정한 뒤 ③의 리본을 글루건으로 붙인다.

22. 머플러

after **A**

레이스&폼폼 장식 머플러

레이스와 귀여운 폼폼 장식을 머플러의 양 끝에 달아 주었다. 보이시한 코트에 매치해도 레이디룩으로 변신시켜 줄 수 있는 액세서리가 되었다.

before

평범한 울 소재의 머플러에 레이스나 컬러풀한 오브제로 장식을 더해보자. 밋밋한 코트에 드라마틱한 변화를 주는 머플러로 변신을 꾀할 수 있다.

after **B**

리본 장식 머플러

컬러풀한 리본과 알록달록한 빈티지 단추를 달아 화사한 분위기를 연출할 수 있는 머플러를 완성했다.

coordination

style **A**

포인트를 더한 심플룩

심플한 블랙 앤 화이트룩에 블랙 레이스로 장식한 우아한 머플러를 매치했다. 스타일링을 한결 세련되게 업그레이드 시켰다.

style **B**

레트로풍 걸리시 스타일링

레이스 원피스와 스웨터를 레이어드한 걸리시한 의상에 리본 장식으로 사랑스러워진 머플러를 포인트로 매치하면 레트로풍의 분위기를 낼 수 있다.

after A

레이스&폼폼 장식 머플러

준비물

검은색 폼폼 장식 레이스 · 검은색 레이스(폭 13cm) · 검은색 물결 무늬 레이스(폭 5.5cm) 1마씩, 검은색 실, 가위, 바늘, 줄자, 시침핀

만들기

1. 줄자로 머플러의 폭을 잰다.

2. ①의 길이보다 약 0.5cm 정도 길게 폼폼 레이스, 검은색 레이스, 물결무늬 레이스를 각각 2줄씩 자른다.

3. 머플러의 양 끝부분에 ②를 6cm 간격을 띄고 올린 뒤 시침핀으로 고정한다.

4. ③을 양쪽 모두 박음질로 고정해 완성한다.

after **B**

리본 장식 머플러

준비물

와인색 벨벳 리본 · 청록색 벨벳 리본 1마씩, 빈티지 단추 5개, 검은색 실, 시침핀, 가위, 바늘

만들기

1. 와인색 리본을 사진처럼 리본 모양으로 접어 시침핀으로 고정한 뒤 테두리를 따라 촘촘하게 공그르기 한다.

2. 빈티지 단추 5개를 머플러의 군데군데 단다.

3. 청록색 리본으로 리본을 3개 묶은 뒤 머플러에 바느질해서 단다.

Part **4**

손쉽게 만들어 옷에 매치하다

Making Accessory

초등학교 1학년 때, 구멍 난 양말을 쓱쓱 자르고 홈질해 마론 인형의 터틀넥 스웨터를 만들었던 나는 지금도 시간이 날 때마다 꼼지락거리며 무언가를 만든다. 어떻게 만들면 되는지 뻔히 보이는 것들은 돈을 주고 사기에 아깝기 때문이다. 딸아이를 위해 만들기 시작한 리본 헤어핀과 액세서리가 모여 이제는 특별한 추억으로 거듭나고 있다. 액세서리 만들기는 손재주 있는 사람만 만들 수 있을 것 같지만 방법만 알면 결코 어려운 일이 아니다. 간단한 방법과 반짝이는 아이디어가 더해져 탄생된 유니크한 액세서리는 진정한 나의 스타일을 만드는 확실한 포인트가 되어 준다.

PASTRY

빅 진주 목걸이

캐주얼은 물론 드레시한 의상에도 잘 어울리는 진주 목걸이는 활용도가 높은 액세서리이다. 값비싼 진주 목걸이 대신 부자재를 골라 직접 만들어 보자. 초보자도 부담 없이 뚝딱 만들 수 있다.

준비물

검은색 오건디 리본(폭 5cm 길이 145cm) 1줄, 진주(지름 3cm) 18개, 가위, 라이터

만들기

1. 오건디 리본은 40cm를 남겨 두고 매듭을 지어 진주를 하나 꿴다.
2. ①에 진주를 하나씩 꿰가면서 진주 하나에 매듭 하나씩 짓는다.
3. ②를 매듭으로 완성한 뒤 양쪽을 리본으로 묶는다.
4. 리본의 양 끝을 라이터 불로 살짝 태워 마무리한다.

Tip

오건디 리본은 아주 얇은 소재예요. 올림 방지를 위해
불로 태울 때 약한 불로 살짝만 태워야 해요.

플라워 폼폼 목걸이

겨울철 즐겨 입는 모노톤의 스웨터가 허전해 보여 만들었던 목걸이다. 시크한 체인에 알록달록한 폼폼을 달았더니 여성스러운 디자인이 완성되었다. 체인의 빈티지한 컬러와 톤 다운된 폼폼의 컬러가 잘 어울린다. 폼폼의 모양과 크기에 따라 배치만 달리해도 색다른 느낌을 줄 수 있다.

1

2

3

4
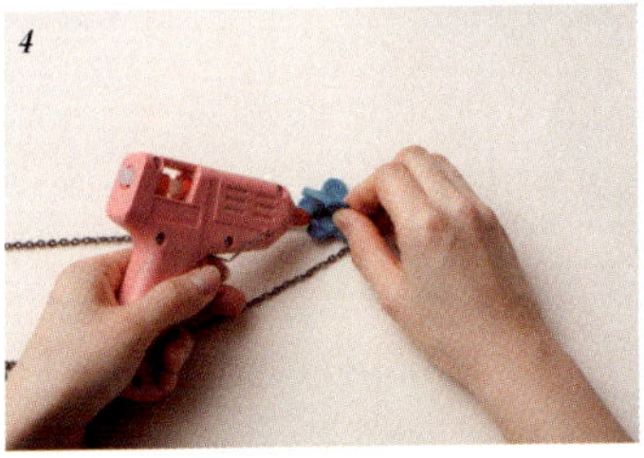

5

준비물

노란색 · 와인색 보드란 펠트 1과 4/5마씩, 파란색 멜란지 펠트(두께 2m) 약간
샤 소재 폼폼 · 체인 목걸이 1개씩, 기화펜, 검은색 실, 바늘, 가위, 글루건

만들기

1. 보드란 펠트는 폭 5cm, 길이 17cm로 재단한 뒤 반을 접어 접힌 부분에 0.4cm 길이로 가위집을 낸다.
2. ①의 펠트 모두 각각 비스듬한 각도로 끝까지 돌돌 말아서 바느질로 고정한다.
3. 파란색 펠트에 꽃 모양 2개를 그려 오린다.
4. 체인 목걸이를 가운데 두고 ③을 앞뒤로 맞대고 글루건으로 붙인다.
5. ②의 노란색, 와인색 꽃과 폼폼은 체인 구멍에 바느질로 단다.

Tip
샤 소재로 만든 폼폼은 동대문 액세서리 부자재 시장에 가면 1천 원 안팎으로 구매할 수 있어요.

술 장식 팔찌

캐주얼한 옷도 멋스럽게 만들어주는 보헤미안 스타일 액세서리를 만들었다. 술이 달린 팔찌는 에스닉한 매력이 있지만 유행을 타는 아이템이라 비싼 가격을 지불하고 구입하기 쉽지 않다. 심플한 원석에 술 장식으로 포인트를 주어 티셔츠에 하나만 해도 매력적이다.

1

2

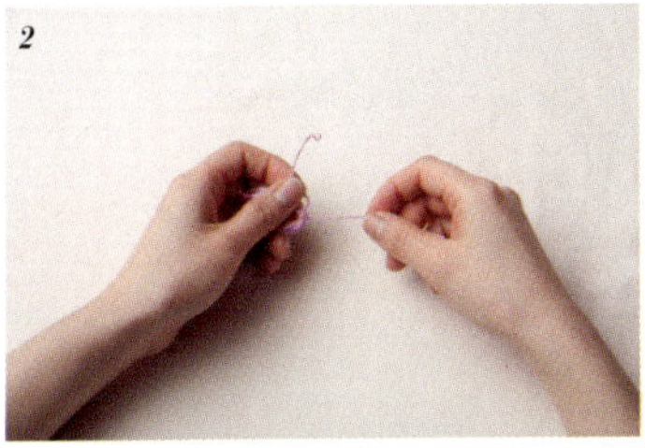

3

4

5

준비물

남색 원석 19개, 흰색 원석 3개, 보라색 · 연보라색 자수 실 적당량씩
우레탄 줄 약간, 가위, 순간접착제

만들기

1. 보라색과 연보라색 자수 실을 각각 7cm 길이로 40개씩 자른다.
2. ①의 실은 각각 반을 접어 접힌 부분을 자수 실로 2번 묶은 후 매듭을 지어 작은 고리를 만든다.
3. ②의 접힌 부분에서 1cm 내려온 지점에 서로 다른 색 자수 실로 3~4번 돌돌 말아 묶은 후 남은 실은 가위로 자른다.
4. 우레탄 줄에 원석을 꿰고 ③의 술 윗부분의 고리를 끼운 후 줄을 단단히 묶는다.
5. ④의 남은 우레탄 줄과 자수 실을 정리한 뒤 우레탄 줄이 묶인 부분에 순간접착제를 조금만 묻혀 완성한다.

Tip

자수실로 만든 술을 풍성해야 예쁘니 적어도 40줄 정도 겹쳐 묶어 주세요.

물방울 보석 귀고리

과감한 사이즈의 액세서리는 얼굴을 작아 보이게 한다. 자투리 펠트에 빈티지한 인조 보석을 붙여 만든 귀고리로 가장 큰 원석으로 중심을 잡고 컬러감이 있는 작은 크기의 보석을 믹스해야 예쁘다.

1

2

3

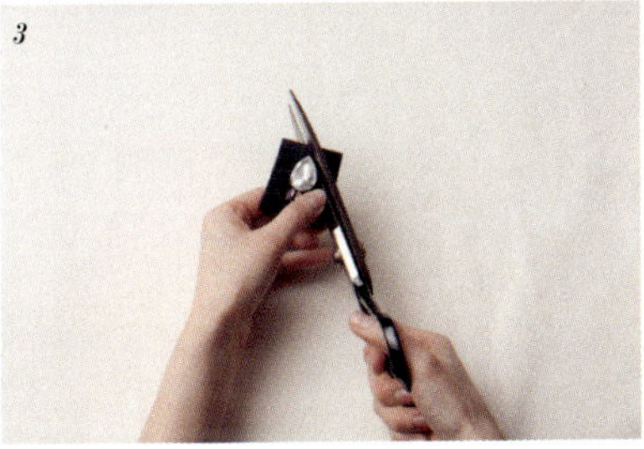

4

준비물

물방울 아크릴 캡 보석(길이 1.7㎝) 2개, 살구색 · 보라색 · 카키색 아크릴 캡 보석(길이 1㎝) 2개씩, 귀고리 링 2개, 검은색 펠트 약간, 검은색 실, 바늘, 가위, 접착제

만들기

1. 1.7㎝ 길이의 캡 보석을 펠트 위에 올려놓고 바느질로 고정한다.
2. ①의 보석 아랫부분에 세로 방향으로 1㎝ 길이의 보석 3개를 바느질로 고정한다.
3. ②의 테두리를 따라 모양대로 펠트를 자른다. 자투리 펠트를 같은 모양으로 그린 뒤 잘라 뒷면에 글루건으로 붙인다.
4. ③의 펠트 면에 귀고리 링을 접착제로 붙이고 나머지 귀고리 한 쪽도 같은 방법으로 만든다.

Tip

보석을 고정하고 자투리 펠트를 자를 때 바느질 한 부분을 자르지 않도록 조심하세요.

밍크 폼폼 넥워머

유행 지난 스웨터를 활용해서 만든 워머. 밍크 폼폼을 달아 포근한 느낌을 살렸다. 폼폼 대신 빈티지 단추나 리본 등을 취향에 맞게 달아도 예쁘다. 워머를 만들 스웨터는 몸판과 팔 부분을 따로 만들어 연결된 것을 이용해야 올풀림을 막을 수 있다.

준비물

스웨터 1벌, 갈색 · 검은색 · 회색 밍크 폼폼 1개씩, 똑딱 단추 2개, 실, 바늘, 가위, 실뜯개

만들기

1. 스웨터는 뒤집어 양쪽 팔 연결 부분의 올이 풀리지 않도록 박음질한 부분을 실뜯개로 떼어낸다.
2. ①을 서로 포개고 박음질해 서로 연결한다.
3. ②를 뒤집어 소매 부분을 안쪽으로 밀어 넣은 뒤 공그르기로 구멍을 막는다.
4. 밍크 폼폼을 ③의 여밈 부분에 세로 방향으로 두고 나란히 바느질로 단다.
5. 여밈 부분 안쪽에 똑딱 단추를 5cm 간격으로 2개를 달아 완성한다.

Tip

얇은 소재의 스웨터로 워머를 만들 때는 솜을 넓게 펴서 넣으면 보온성을 높일 수 있어요.
또한 착용했을 때 모양이 잡혀 더욱 예뻐요.

망사 머플러

누구나 만들 수 있는 머플러. 서로 다른 소재를 골라 비슷한 모노톤 컬러로 매치하면 레이어드 효과의 액세서리가 완성된다. 망사 소재는 바느질이 쉽고 올 풀림도 거의 없어 간편히 만들 수 있다. 겨울보다는 봄 · 가을, 가볍고 밋밋한 옷차림에 두르면 좋다.

1

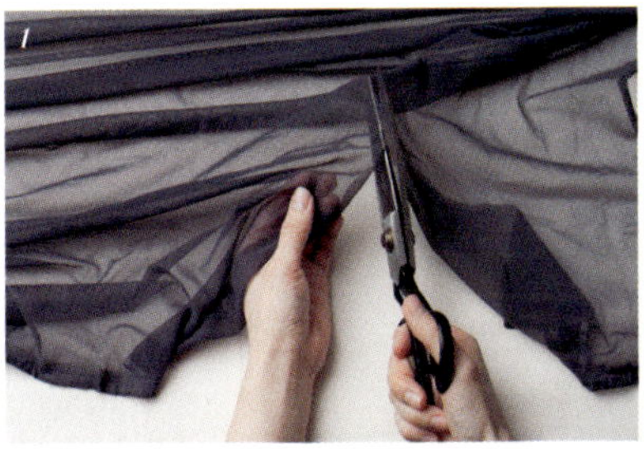

2

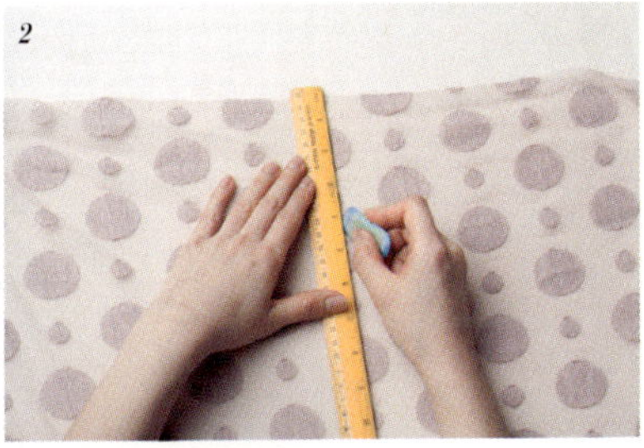

3

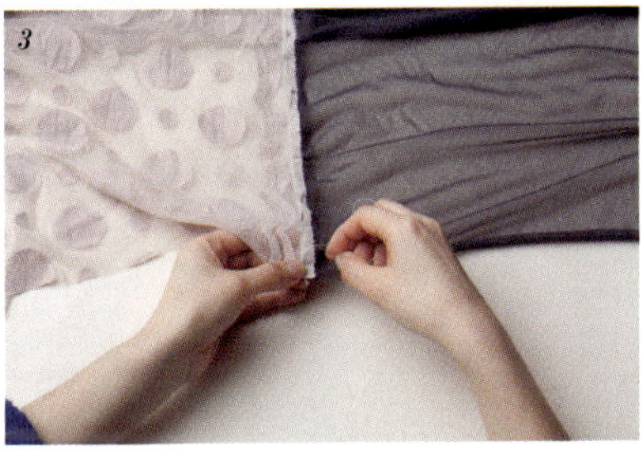

준비물

인디언 핑크색 도트 망사 1과 1/2마, 진회색 망사 1마, 실, 바늘, 가위, 초크

만들기

1. 진회색 망사는 폭 85㎝, 길이 115㎝로 초크로 표시한 뒤 재단한다.
2. 핑크색 도트 망사는 초크로 폭 85cm, 길이 140cm로 표시한 뒤 재단한다.
3. ①과 ②를 약 0.5㎝ 정도 겹친 뒤 겹친 부분을 촘촘히 박음질한다.

Tip

얇은 망사 소재는 재단할 때 비뚤어지기 쉬우니 표시된 선을 따라 천천히 조금씩 자르는 것이 좋아요.

체크
코르사주
헤어밴드

세련된 단발머리는 물론 청순한 긴 머리에도 헤어밴드는 요긴하게 쓰인다. 지그재그로 재단해 볼륨감이 느껴지는 코르사주로 포인트를 주었다. 코르사주 속에는 빳빳한 도화지를 넣어 단단하게 만들어야 모양이 잡혀 예쁘다.

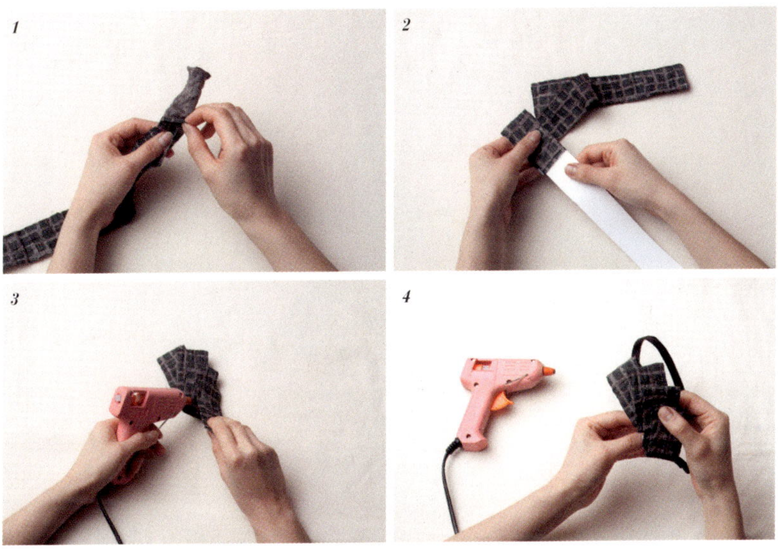

준비물

체크 원단 적당량, 두꺼운 도화지 약간씩, 검은색 헤어밴드(폭 1㎝) 1개, 실, 바늘, 가위, 글루건

만들기

1. 체크 원단은 폭 4.5㎝, 길이 55㎝로 재단한 후 세로로 반 접어 박음질한 뒤 뒤집는다.
2. 두꺼운 도화지는 폭 4.5㎝, 길이 54㎝로 잘라 ①의 구멍 안으로 넣어 박음질로 구멍을 막는다.
3. ②를 사진과 같이 비스듬히 지그재그로 8번 접는다. 이때 접은 것이 펼쳐지지 않도록 글루건으로 고정한다.
4. 헤어밴드의 중앙에서 약 4㎝ 정도 떨어진 곳에 ③의 코르사주를 글루건으로 붙여 완성한다.

Tip

패브릭이 도톰하면 두꺼운 종이를 넣는 것을 생략하고 만들어도 돼요.

실크 와이드 헤어밴드

부드러운 실크 소재를 이용해 만든 심플한 헤어밴드. 머리가 길다면 헤어밴드에 달려 있는 리본을 머리와 함께 땋아서 연출해도 멋스럽다. 내추럴하면서도 은근 세련된 스타일링이 연출된다.

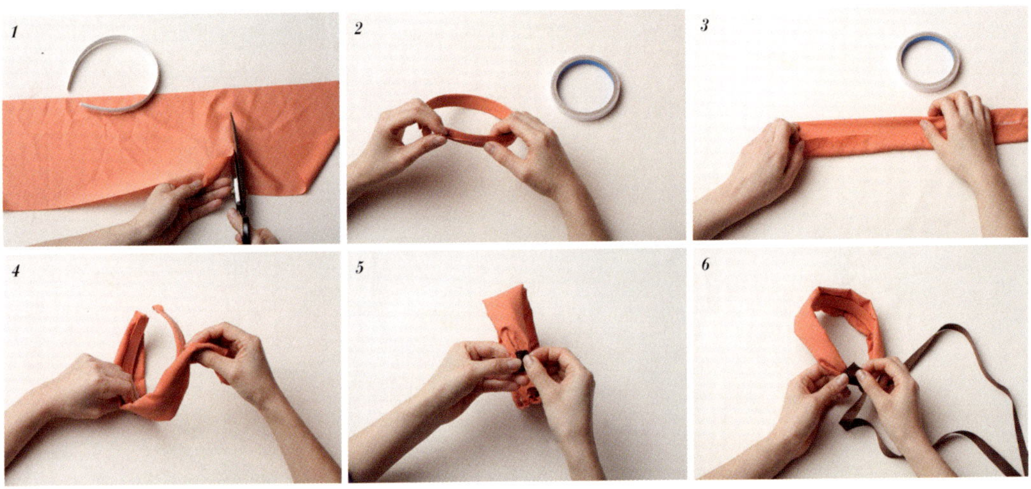

준비물

주황색 실크 리본(폭 17㎝) 1마, 갈색 골지 리본(폭 1.5㎝ 길이 140㎝) 1줄
플라스틱 헤어밴드(폭 2㎝) 1개, 양면테이프, 가위, 글루건

만들기

1. 주황색 실크 원단 리본은 38㎝ 길이로 2줄을 자른다. 1줄은 다시 세로로 길게 반을 자른다.
2. 헤어밴드의 앞뒷면에 양면테이프를 붙이고 세로로 길게 반 자른 ①로 감싸 고정한다.
3. 남은 ①은 폭 0.5㎝ 정도를 서로 겹치게 한 후 겹친 부분을 양면테이프로 고정한다.
4. 헤어밴드의 윗면에 양면테이프를 붙여 ③의 겹친 부분이 아래로 가도록 한 후 고정한다.
5. 갈색 리본은 60㎝ 길이로 2줄, 5㎝ 길이로 2줄, 4㎝ 길이로 2줄씩 각각 자른다.
5㎝와 4㎝ 리본에는 양면테이프를 붙인다. 헤어밴드의 양끝에 4㎝ 리본을 붙인다.
6. ⑤의 끝에 60㎝ 리본을 각각 안쪽에 대고 5㎝ 리본을 감아 고정한다.

Tip

헤어밴드 끝에 다는 리본은 자신의 머리를 함께 땋았을 때를 기준으로 맞추세요.

골드 체인 헤어밴드

체인 디테일이 예뻐 착용하면 얼굴을 사랑스럽게 만들어 준다. 헤어밴드를 8자 모양 고무줄로 만들어 착용감이 좋다. 즐겨 입는 티셔츠의 컬러에 맞게 리본 컬러를 몇 가지 만들어 두면 보다 센스있는 스타일링을 즐길 수 있다.

1

2

3

준비물

금사 꼬임 끈(길이 45cm) 1개, 남색 골지 리본(폭 0.5㎝ 길이 50㎝) 1줄, 순간접착제, 8자 고무줄 1개 , 가위

만들기

1. 꼬임 끈의 꼬인 구멍에 골지 리본을 운동화 끈을 끼우듯 왼쪽과 오른쪽을 교차해 가면서 끼운다. 이때 골지 리본은 양 끝에 4~5㎝ 정도 남겨 둔다.

2. ①의 양 끝의 꼬임 줄에 8자 고무줄을 끼우고 골지 리본과 꼬임 줄을 서로 묶는다. 남은 꼬임 줄은 자른다.

3. 양쪽에 남겨 두었던 골지 리본을 꼬임 줄에 한 바퀴 감아 순간접착제로 고정한다.

Tip

자신의 머리 둘레와 고무줄 길이를 염두하고 사이즈를 미리 잘 맞춘 후 만들어야 편안하게 착용할 수 있어요.

플라워 슈슈

평소 무난한 컬러의 헤어 액세서리를 고집하는 사람에게 추천하고 싶은 아이템. 자투리 천을 주름잡아 손쉽게 만들 수 있다. 비비드한 컬러가 예뻐 포니테일 헤어 스타일에 매치하면 귀엽고 사랑스러운 느낌을 연출할 수 있다.

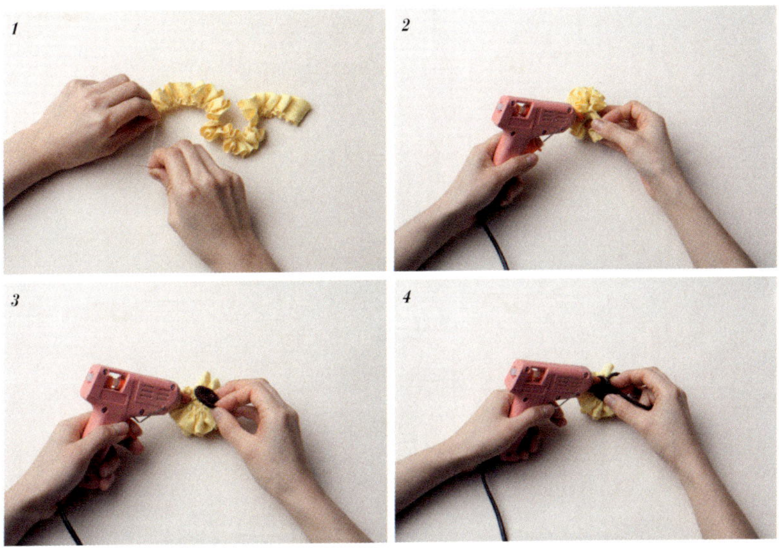

준비물

노란색 마 테이프(폭 2.5㎝ 길이 100㎝) 1줄, 갈색 펠트 약간
원형 가죽 고무줄 1개, 실, 바늘, 가위, 글루건

만들기

1. 마 테이프는 아랫부분을 0.3㎝ 간격으로 끝까지 홈질해 잡아당긴 뒤 매듭 짓는다.
2. ①을 돌돌 만다. 이때 만 것이 풀리지 않도록 글루건으로 붙여 가며 끝까지 만다.
3. 펠트를 지름 2.5㎝로 동그랗게 잘라 ②의 뒷면에 글루건으로 붙인다.
4. 원형 가죽 고무줄에 ③을 글루건으로 단단히 붙인다.

Tip

돌돌 말면서 글루건으로 고정할 때는 글루건을 조금씩 눌러 양을 조절해 가며 조금씩 부분 부분 붙여 주세요.

Anything can be a treasur

크로커다일 헤어핀

가죽공예를 한 번도 해본 적 없는 사람도 쉽게 만들 수 있는 헤어핀이다. 가죽을 작게 잘라 돌돌 말았더니 개성 있는 헤어핀이 만들어졌다. 가죽의 디테일에 따라 다른 느낌을 줄 수 있는데 금속 장식을 달면 훨씬 완성도가 높아진다.

준비물

크로커다일 무늬 소가죽 1/8마, 핀대(길이 8㎝) 1개, 검은색 펠트 약간, 리본 모양 금속장식 1개
순간접착제, 자, 가위, 글루건

만들기

1. 소가죽은 가로 4.5㎝, 세로 5㎝로 9개를 자른다.
2. ①은 지름 1㎝ 정도로 세로로 돌돌 말아 글루건으로 붙인다.
3. 펠트는 가로 9㎝, 세로 4.8㎝로 재단한다. 그 위에 글루건으로 ②를 나란히 붙인다.
4. ③의 펠트 면에 핀대를 글루건으로 붙이고 앞면의 오른쪽 아랫부분에 리본 모양 금속 장식을 순간접착제로 붙여 완성한다.

Tip
가죽은 반드시 잘 드는 가위로 재단해야 가죽의 가루가 떨어지지 않고 자른 면이 깔끔해요.

도트 리본 핀

평소 미니멀룩을 즐겨 입는 사람이라도 기분전환으로 착용하기 좋은 리본 핀. 얌전한 카디건이나 화이트 티셔츠와 같은 기본 아이템과 매치해 보자. 리본과 도트 디테일이 포인트가 되어 사랑스럽다.

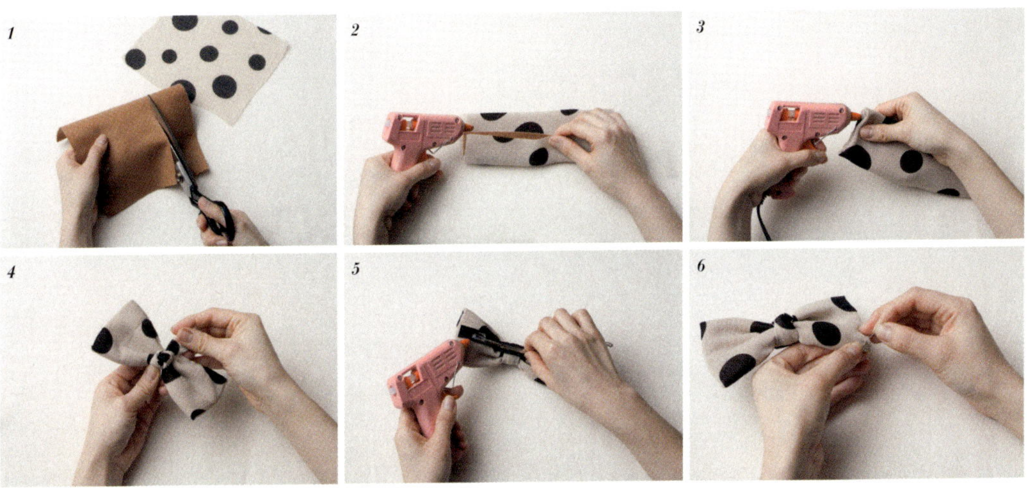

준비물

도트 시폰 1/8마, 펠트 약간, 핀대(길이 10㎝) 1개, 금속 장식 1개, 실, 바늘, 글루건

만들기

1. 시폰은 가로 13㎝, 세로 15㎝로 펠트는 가로 13㎝, 세로 7㎝로 자른다.

2. ①의 시폰과 펠트를 겹친 후 양 끝이 살짝 겹치도록 접어 글루건으로 고정한다.

3. ②의 양쪽 끝을 살짝 안쪽으로 접어 글루건으로 고정한다.

4. 남은 시폰은 가로 1.5㎝, 세로 12㎝ 크기로 재단한 뒤 돌돌 말아 끝부분을 글루건으로 고정한다. ③의 가운데에 올려 글루건으로 붙인다.

5. 펠트는 폭 1㎝, 길이 10㎝로 잘라 ④의 뒷면에 글루건으로 붙인다. 그 위에 핀대를 붙인다.

6. 리본 앞면 모서리에 금속 장식을 바느질로 단다.

Tip

리본 핀 위에 금속장식을 달아 주면 훨씬 더 고급스러워 보여요.

Info 1

부자재 쇼핑

단추와 보석은 물론 레이스까지 액세서리를 만들기 위해서는 여러 가지 부자재가 필요하다. 오프라인 부자재 매장은 철마다 들러보는 것만으로 리폼 아이디어를 얻을 수 있고 온라인은 발품 팔 일이 없어 간편하다. 또한 유니크한 부자재를 수입해 판매하는 곳도 있어 잘만 고르면 나만의 개성을 담은 핸드메이드 소품을 만들 수 있다.

off-line shop

지혜사 동대문 종합상가 A동 5110호 *(02-2266-5898)*
핫픽스, 진주 스팽글, 아크릴 보석 등을 파는 매장. 핫픽스는 다양한 모양과 컬러가 준비 되어 있어 취향에 맞는 것을 고르기만 하면 된다.

레드필통 동대문 종합상가 A동 5171~3호 *(02-2265-3544)*
의류는 물론 샤 리본, 코르사주, 인조 밍크 폼폼, 깃털, 플라스틱 장식 등 헤어 액세서리를 만드는데 필요한 각종 부자재를 만날 수 있는 곳. 온라인으로도 구매가 가능해 부족한 부자재를 재주문하기 간편한 것이 특징이다.

일호상사 동대문 종합상가 B동 1층 1557호 *(02-2263-3318)*
의류 부자재 및 끈, 수술 등 리폼에 도움이 되는 각종 부자재를 판매한다.

솔로몬 동대문 종합상가 A동 5061호 *(02-2268-4579)*
스냅 단추, 스톤 단추, 수입 단추 등 다양한 단추를 만날 수 있는 곳. 이외에도 벨트 장식에 쓰이는 부자재와 버클, 액세서리에 부착할 수 있는 줄난 등을 구입할 수 있다.

영진상사 동대문 종합상가 A동 1층 1017호 *(02-2271-2282)*
옷을 장식하기 좋은 리본, 테이프, 끈 등을 판매하는 곳. 레이스, 벨벳, 인조 스웨이드나 인조 가죽 등 다양한 소재의 끈들이 구비 되어 있어 취향에 맞게 구입할 수 있다.

현진사 종합상가 지하 A동 33-5호 *(02-2272-2932)*
가위, 실, 초크, 바늘, 줄자 등 옷을 만들고 리폼할 때 필요한 재료와 도구를 판매한다.

on-line shop

네스홈 *www.nesshome.com*
내추럴한 린넨부터 빈티지한 프린트 원단까지 다양한 원단을 판매한다. 매달 이곳에서만 구입할 수 있는 새로운 디자인의 원단이 출시되어 매력적이다. 원단 이외에도 다양한 레이스나 면 끈, 바늘이나 실 등 리폼에 필요한 모든 것을 구입할 수 있다.

하나바바라 *www.hanababara.com*
100가지나 되는 다양한 빈티지 단추와 오리지널 피드색 원단을 판매한다. 이외에도 오직 하나뿐인 빈티지 인형을 구경하는 재미도 선사한다.

천부자 *www.1000buja.com*
망사, 시폰, 면, 인조 스웨이드 등 아주 다양한 종류의 원단이 구비 되어 있다. 패브릭 스티커와 고무 밴드 등 옷을 리폼하거나 만들 때 필요한 다양한 부자재도 함께 판매한다.

핸드메이드집 *www.handmadejib.com*
골지, 퍼, 실크 등 다양한 리본을 전문으로 판매하는 곳. 특히 반제품으로 나와 있는 부자재도 팔아 핸드메이드 액세서리를 처음 만드는 이들에게 요긴하다. 리본은 물론 보석, 금속 장식 등 앙증맞고 예쁜 부자재들도 함께 구입할 수 있다.

로스킨 *www.rawskin.co.kr*
가죽을 전문적으로 파는 쇼핑몰. 소량으로 재단된 가죽을 팔아 일반인들이 경제적으로 구입할 수 있는 곳이다. 가죽의 종류와 컬러도 다양하게 고를 수 있으며 가죽 이외에도 가죽 공예에 필요한 염료나 접착제를 함께 판매한다.

로브제 앳 홈 *www.lobjet-athome.co.kr*
유니크한 와펜과 단추, 참, 모티브 레이스 등 다양한 빈티지 부자재를 판매한다. 부자재 이외에도 오리지널 빈티지 생활 소품을 함께 판매하고 있어 여러 가지 소품을 구경하는 재미가 쏠쏠하다.

Info 2

영화&드라마 속 패션 읽기

패션 감각을 업그레이드할 수 있는 또 하나의 방법은 바로 영화나 드라마 보기이다. 배우들의 스타일 감각을 훔쳐볼 수 있는 스타일 영화 & 드라마를 소개한다.

악마는 프라다를 입는다 The Devil Wears Prada

패션에 관심 있는 여자라면 모두 즐겁게 볼 수밖에 없는 영화 〈악마는 프라다를 입는다〉. 패션과는 거리가 멀게 느껴졌던 앤드리아(앤 헤서웨이)가 고군분투 끝에 머리부터 발끝까지 스타일리시한 패션 피플로 거듭난다. 촌스럽던 그녀의 변신과 편집장 미란다(메릴 스트립)의 패션 스타일링은 영화 개봉 이후 몇 년이 지난 지금도 기억에 남는다. 원작 소설을 먼저 읽었던 이들이라면 책 속에서 상상만 하던 화려한 패션을 직접 볼 수 있어 더욱 재미있게 볼 수 있는 영화다.

머터리얼 걸 Material Girl

재능 있는 패션디자이너가 성장해 나가는 과정을 그린 영국 드라마. 〈악마는 프라다를 입는다〉의 영국판 드라마로 생각하면 된다. 겉으로는 화려해 보이는 패션계에서 의욕 넘치는 초년 디자이너와 그녀의 악마 같은 상사 간의 신경 싸움이라는 다소 뻔한 스토리가 전개되지만 배우들이 연출한 패션만큼은 볼 만하다. 멋진 패션은 물론 드라마 속 배경이 된 런던의 아름다운 풍경 또한 보는 재미를 더한다.

셉템버 이슈 The September Issue

셉템버 이슈는 전 세계 패션의 중심에서 군림하고 있는 패션계의 대통령 〈악마는 프라다를 입는다〉의 실제 주인공 안나 윈투어에 관한 이야기를 다루고 있는 다큐 영화다. 금발의 보브 컷에 빅 프레임의 선글라스, 한겨울에도 맨다리에 마놀로 블라닉 슈즈를 신는 그녀의 패션을 보는 것만으로도 매력적이다. 감각적인 아이디어로 패션계를 뒤흔들어 놓은 장본인이 만들어 내는 미국판 보그 9월호의 제작 과정이 고스란히 담겨 있어 패션 잡지의 화보 스타일링을 영상으로 감상할 수 있다.

가십걸 Gossip Girl **시즌 5**

화려한 파티룩은 물론 주인공들의 학교 밖 편안한 옷차림을 볼 수 있는 〈가십걸〉은 〈섹스 앤 더 시티〉의 명성을 이을만한 패셔너블한 미국 드라마다. 시즌 5에서는 그전 시즌에서 학생이었던 주인공들이 커리어 우먼으로 성장하여 프레피룩에서 벗어난 화려하면서도 세련된 페미닌룩을 보여준다. 화려한 패턴의 의상을 세련되게 매치하는 스타일링법과 유니크한 액세서리를 보고 싶다면 강력 추천하고 싶은 드라마다.

섹스앤더시티 Sex and the City

드라마의 인기와 더불어 두 편의 영화까지 제작된 〈섹스 앤 더 시티〉. 30대의 개성 강한 여자 4인의 일과 사랑, 그리고 우정에 관한 스토리와 더불어 패션에 관심이 많은 주인공 캐리(사라 제시파커)가 사랑했던 구두는 지금까지도 여자들의 로망이다. 멋진 옷들과 액세서리로 가득했던 캐리의 옷장 또한 탐낼 만한 것이다. 캐리의 패셔너블한 스타일링만으로도 볼 만한 가치가 충분한 영화다.

하이힐을 신고 달리는 여자 I don't know how she does it

헐리우드 대표 패셔니스타인 사라 제시파커의 등장만으로도 충분히 매력적인 영화이다. 극중 케이트는 두 아이의 엄마이자 아내, 며느리 그리고 커리어 우먼까지 말 그대로 1인 4역을 척척 해내고 있는 슈퍼 우먼. 비록 아이에게 이를 옮아 머리를 긁고 긴 머리를 풀어헤치고 다녀도 그녀의 패션 감각은 빛난다. 회사에서는 테일러드 재킷과 하이웨이스트 스커트를 입고 진주 액세서리를 매치해 스타일을 뽐내고 가족들과 함께 지낼 때는 여성스럽지만 캐주얼한 스타일링을 연출한다. 아쉽게도 많은 의상이 나오지는 않지만 그녀가 선택한 웨어러블한 아이템을 어디서 살 수 있는지 보는 내내 궁금증이 생겼던 영화다.

누구나 따라 할 수 있는 스타일링 비법